2023 年湖南创新发展研究院智库研究报告

湖南省上市公司
创新发展研究报告

REPORT ON INNOVATIVE
DEVELOPMENT OF LISTED COMPANIES
IN HUNAN PROVINCE

唐志军　赵　伟　李仁宇
李华金　成名婵　郭　晓　/ 著

社会科学文献出版社
SOCIAL SCIENCES ACADEMIC PRESS (CHINA)

主要作者简介

唐志军，湖南科技大学湖南创新发展研究院（省级重点特色专业智库）副院长（主持工作），经济学博士、教授、博士生导师；中国（海南）改革发展研究院专家成员，中国体制改革委员会理事成员，湖南省社会科学委员会青年委员；凤凰网、新浪网、财经网、东方早报特约财经专栏作家。截至目前，已出版3本专著、1本译著；在《统计研究》《改革》《南方经济》《新政治经济学评论》等刊物发表论文100多篇，主持包括国家社科基金一般项目在内的课题50多项。

赵伟，副教授，硕士生导师，经济学博士，University of the West of Scotland 访问学者。现担任湖南科技大学湖南创新发展研究院产业经济与绿色创新研究所所长。主要研究领域为环境经济学、农村经济学。近年来，主持教育部人文社会科学研究规划基金项目1项，国家社科基金重大项目子课题、教育部重大项目子课题各1项，湖南省社科基金、湖南省教育厅重点项目等多项；在《社会科学》等权威刊物发表学术论文共20余篇，出版专著2部。

李仁宇，副教授，经济学博士。主要研究领域为国际贸易、技术创新与产业发展、就业与收入分配等。近年来，在 *Applied Economics*（SSCI 源刊）、*China & World Economy*（SSCI 源刊）、《管理世界》、《当代经济科学》、《世界经济研究》、《当代财经》等刊物发表10余篇学术论文，并获得2017年全国高校国际贸易协作组国际经贸博士生论坛最佳论文奖。在人民出版社出版专著1部。主持国家社科基金项目、教育部人文社会科学研究青年基金项目、湖南省哲学社会科学基金项目、湖南省自然科学基金项目、湖南省教育厅优秀青年基金项目等。在中国留英/留欧经济学会、中国留美经济学会年会、全国高校国际贸易协作组青年论坛、国际经济学前沿论坛等国内外学术会议上宣讲论文多篇。

李华金，湖南科技大学湖南创新发展研究院讲师，经济学博士，主讲管理学、市场营销学、公司治理与网络营销等工商管理专业核心课程，主要研究领域为公司治理、企业技术创新和数字经济等。近年来，主持省部级课题4项，参与完成国家级、省部级课题7项，其中国家社科基金重大项目1项，主持或参与完成政府部门、企事业单位横向委托课题10余项。在《当代经济科学》《财经论丛》等核心期刊发表学术论文5篇，参编著作7部。曾任职于某大型央企，参与多个资本项目的运作与管理，具有较为丰富的项目研究与实践经验。

成名婵，湖南科技大学湖南创新发展研究院教师，管理学博士，工程师，主要研究领域为ICT产业经济、政策，以及网络经济，主要教授课程为"网络贸易与网络营销""高级微观经济学"。主持国家社科基金青年项目1项，省部级项目多项。

郭晓，湖南科技大学湖南创新发展研究院讲师，经济学博士。主要研究领域为区域经济学、城市经济，主要教授课程为"西方经济学""区域经济学"。在《湖南科技大学学报》《科技创业》等刊物发表专业学术论文5篇，参与和主持国家级、省部级课题6项。

前　言

上市公司是资本市场的基石，是贯彻新发展理念、构建新发展格局、推动高质量发展的中坚力量和重要引擎。习近平总书记指出："创新是引领发展的第一动力，是建设现代化经济体系的战略支撑。"（习近平，2020）"要做创新发展的探索者、组织者、引领者，勇于推动生产组织创新、技术创新、市场创新，重视技术研发和人力资本投入，有效调动员工创造力，努力把企业打造成为强大的创新主体。"（习近平，2023b）因此，上市公司作为中国经济中最具影响力和最优秀的企业群体之一，肩负着推动高质量发展和实现现代化的历史使命。其创新能力不仅是推动公司持续高质量发展的基础，对于中国的经济发展和创新型国家建设都具有重要的现实意义。

本书以"湖南省上市公司创新发展"为研究主题，既切合湖南科技大学湖南创新发展研究院作为专业特色智库的战略定位，又紧紧围绕湖南省"三高四新"发展战略，突出湖南省上市公司行业资源要素的整合能力以及创新发展实力和水平。报告共有十章，第一章为湖南省上市公司创新发展的总体评价。通过构建上市公司创新发展能力指标体系，并以创新发展能力为量化评价分析视角，从总体和分维度来评价湖南省上市公司创新发展能力，然后提出相关政策建议。第二章为湖南省上市公司创新发展分行业评价，利用2018～2023年湖南省上市公司数据，对湖南省上市公司创新水平分行业展开评价，特别是关注制造业上市公司创新水平，为推动湖南省上市公司高质量发展提供重要的政策启示和决策依据。第三章为湖南省上市公司创新发展分地区评价。从区域维度，对长株潭地区、洞庭湖地区、湘南地区和湘西地区四个区域上市公司的创新发展情况进行评价和分析。第四章为数字化对湖南省上市公司创新发展的影响研究。该章从拆解企业创新的变量出发，厘清企业数字化转型是否能显著性地促进企业创新发展，有利于进一步厘清企业数字化转型与创新的关系，坚定数字化转型的信心。主要是从经济学视角分析企业数字化转型对创新的影响，也间接地体现了数据作为新生产要素的重要意义。第五章为金融化对湖南省上市公司创新发展的影响研究。选择 2007~2023 年湖南省 A 股上市公司数据，实证检验了金融资产配置与企业创新之间的关系。研究发现，企业配置金融资产的比重越大，公司的创新水平越弱，即金融化抑制了企业创新。第六章为同群效应对湖南省上市公司创新发展的影响研究。以湖南2010~2022 年沪深 A 股上市公司为样本，实证检验了湖南省上市公司创新投入和创新产出是否存在同群效应，并考察了行业结构、制度环境以及社会网络中心度对不同类型同群效应强度的影响。研究发现，湖南省上市公司创新具有显著的同群效应，具体表现为行业同群、地区同群和社会网络同群三个方面，且不同类型同群效应的驱动因素不同。其中行业同群效应在竞争性市场结构的行业中更为显著，地区同群效应在制度环境更好的地区更为显著，社会网络同群效应受到企业所处网络中心度的影响，上市公司社会网络的中心度越高，联结数量越多、联结质量越好、联结路径越短，企业创新的社会网络同群效应越显著。第七章为国家层面促进上市公司创新发展的政策。国家层面持续出台各项利好政策及配套措施，在新征程中为实现上市公司创新发展提供了强有力的政策支持。第八章为省级层面促进上市公司创新发展的政策。第九章为湖南促进上市公司创新发展的政策建议。第十章为上市公司创新发展案例。

　　本书是湖南科技大学湖南创新发展研究院的第五本智库研究报告，延续和吸取了前四部的许多可取之处，又进行了不少的创新。

第一，本书选取的视角不仅包括宏观视角，而且包括微观视角，以作为微观主体的企业为研究对象，而且是以具有代表性的上市公司为研究对象。第二，本书在编写结构和内容方面进行了创新，除了延续湖南科技大学湖南创新发展研究院一直做的创新能力测算和评价外，还从不同角度进行专题研究，结合案例分析，提出政策建议。第三，本书更加强调的是学术研究和服务地方经济发展相结合，善于抓住经济发展的"牛鼻子"和"排头兵"。

尽管我们团队为本书花费了大量的心血，但限于自身能力，以及部分数据资料难以获取，本书还存在一些不尽如人意的地方，还有待进一步深入研究。下一步，我们将进一步创造更好的条件来进行完善，并根据湖南省委、省政府的发展需要，提供更好的智库建议。欢迎各界人士提出宝贵意见。

目　录

第一章 湖南省上市公司创新发展的
总体评价[*]

引 言

　　企业高质量创新发展是湖南省实现"三高四新"战略、迈进中国式产业现代化的重要基础。2020 年，习近平总书记就如何实现湖南创新发展提出了"三高四新"发展战略，其中，着力打造"具有核心竞争力的科技创新高地"是"三个高地"的重要组成部分，是湖南创新发展的全新坐标定位（宁心，2023）。三年来，湖南着力抓好企业这一创新主体、科技成果转化这一关键环节、科技金融这一重要助力，加速形成新质生产力，科技创新"增速器"作用进一步凸显。在此期间，湖南累计为 1.1 万家企业兑现研发奖补资金 28 亿元，为 6200 多家科技型企业发放纯信用贷款超 160 亿元（王铭俊，2023）。截至 2023 年底，湖南 146 家企业上市，总市值为 15220.51 亿元，上市公司总数量居全国第 11 位、中部第 2 位；湖南企业创新能力指数居全国第 8 位，国家创新型产业集群增至 9 个（王铭俊，2023）。上市公司创新发展，不仅能够帮助企业不断推陈出新、满足市场需求、提升企业在市场中的竞争力，还推动地区经济结构转型

　　* 本章作者为赵伟（湖南科技大学湖南创新发展研究院副教授）、雷钧皓（湖南科技大学商学院 2022 级金融学研究生）、彭媛（湖南科技大学商学院 2023 级金融学研究生）、蔡子家（湖南科技大学商学院 2024 级金融学研究生）。

升级，提高地区经济的竞争力和创造价值能力，促进地区创业氛围的形成和创新人才集聚。在产业升级的关键时期，湖南省上市公司创新发展面临新挑战，需要不断提升创新能力以实现区域可持续发展。

目前，已有较多文献专题探讨上市公司创新发展能力。在研究思路与评价方法方面，已有研究主要从创新投入、创新产出两个维度对上市公司创新发展能力进行评价（王一萌等，2023）；或是根据创新经济理论、资源基础理论以及可持续竞争优势理论构建企业创新发展能力指数，并选取创新投入能力、创新产出能力、创新可持续发展能力三个基准层展开评价（温志超，2022a）；还有部分研究从企业创新全链条出发，将模式创新、技术创新、创新环境、创新投入和创新产出五大模块引入上市公司创新评估指标体系框架（肖淑芳等，2020）。评价方法多采取熵权法、主成分分析法或层次分析法与熵权法相结合的方法对上市公司创新发展能力进行测算（杜惟康，2021；张治河等，2016）。在发现问题与政策设计方面，就研发投入而言，有学者认为各行业研发投入明显不足，各企业应进一步深化合作创新，加强与同类企业、大学和科研院所的合作，进行资源共享、合作研发、创新转化，提高企业创新能力（荆龙姣、王婷卓，2016）。其中，种业上市公司的创新能力有很大的提升空间，要加大创新研发投入，吸引和培育具有创新性的高水平研发人才（于冠鑫、崔丙群，2023）。就行业差异而言，学界普遍认为各行业创新能力呈现不均衡现象，应根据不同行业的特征，制定具有针对性的政策方针（温志超，2022b）。其中，有学者发现广东省制造业创新潜力还未充分释放，地区创新发展不平衡，创新质量仍有待进一步提高，进一步提出要研究开发核心专利技术，向国外先进制造业的研发水平看齐，健全知识产权保护制度，不断提升制造业企业综合实力（田雅婧，2019）。在研究对象方面，已有研究主要从全国层面或某一特定行业出发展开研究（李高雅、邢菁，2021；谢婼青、朱平芳，2020；于冠鑫、崔丙群，2023），具体到湖南省上市公司创新发展的研究则主要以单一公司为研究对象（丁多，2010），定性分析居多，缺乏相关的数据支撑。

有鉴于此，本章在文献研究基础上构建我国上市公司创新发展能力评价指标体系，并以创新发展能力为量化评价分析视角，进而从总体和分维度来评价湖南省上市公司创新发展能力，然后提出相关政策建议。

一　湖南省上市公司发展现状

（一）总体数量

总体来看，如图1-1所示，2018～2023年湖南省上市公司数量呈平稳上升趋势，2018年为104家，2023年增加到146家，年均增速约为7.02%。平稳推进上市公司数量增加有助于优化总体质量，从而提升区域企业的资本市场吸引力，但可能造成资本市场的利用效率偏低，从而制约金融要素对区域企业创新发展的有效推动。

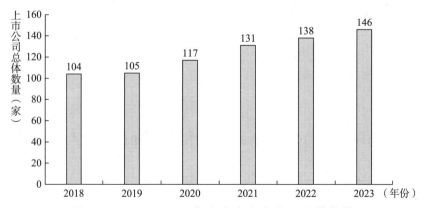

图1-1　2018～2023年湖南省上市公司总体数量

资料来源：笔者根据湖南省上市公司协会（https://www.hnlca.org.cn/）数据整理而得。

（二）地市分布

从湖南省上市公司地市分布来看，由图1-2可知，长沙作为省会城市，集聚效应明显，上市公司数量在2018～2023年呈显著上升趋势，2023年已达到87家，占比约60%。除长沙外，岳阳和株洲是上市公司数量较多的城市。2023年，株洲以12家排名第2，岳阳以9家排名第3。长株潭地区作为湖南省上市公司的主要所在地，公司数占比从2018年的70.19%持续增加到2023年的73.97%，占比始终保持在七成以上。

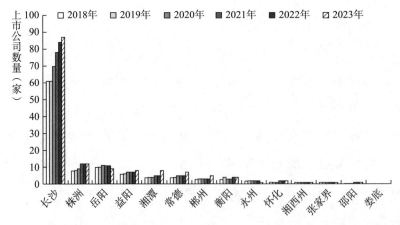

图1-2　2018～2023年湖南省上市公司地市分布

资料来源：笔者根据湖南省上市公司协会（https://www.hnlca.org.cn/）数据整理而得。

二　我国上市公司创新发展能力评价指标体系构建

（一）样本数据与指标体系

为了推动湖南省上市公司创新发展能力的提升，本章探索建立适应新时代要求的上市公司创新发展能力评价指标体系。具体来说，在创新类统计数据可获得性的前提下，选择了 2018～2023 年湖南省 114 家上市公司数据为评估样本，数据有效占比如表 1-1 所示。

表 1-1　评价样本数据有效占比

单位：家，%

年度	有效样本公司数量	上市公司总数	有效占比	年度	有效样本公司数量	上市公司总数	有效占比
2018	87	104	83.65	2021	103	131	78.63
2019	89	105	84.76	2022	102	138	73.91
2020	95	117	81.20	2023	110	146	75.34

本章根据科学性、全面性、系统性、可比性及可操作性原则，从创新环境、创新投入、技术创新、创新产出四个维度探究企业创新的特征。其中，创新环境以产学研创新联盟、政府创新支持力度两个指标来衡量，创新投入以研发投入强度、研发人员投入两个指标来衡量，技术创新以创新专利申请量来衡量，创新产出以全员劳动生产率、营业利润率两个指标来衡量。具体指标选取情况如表 1-2 所示。

表 1-2　我国上市公司创新发展能力评价指标体系

一级指标	二级指标	数据来源	指标计算	单位
创新环境	产学研创新联盟	锐思数据库	选取关键词（技术合作、开发联盟、技术联盟、创新）进行大数据挖掘，并将词频总数加总	个
	政府创新支持力度	CSMAR 数据库	政府补助资金额	万元
创新投入	研发投入强度	CSMAR 数据库	研发投入/营业收入	%
	研发人员投入	CSMAR 数据库	研发人员数/员工数	%
技术创新	创新专利申请量	国家知识产权局	专利申请量	件

续表

一级指标	二级指标	数据来源	指标计算	单位
创新产出	全员劳动生产率	CSMAR 数据库	营业收入/员工数	万元/人
	营业利润率	CSMAR 数据库	营业利润/营业收入	%

（二）评价方法

熵权法通过计算指标数据的信息熵值，获得其相对变化（信息效用值）对系统整体的影响程度设定该指标的权重，以此对所有指标进行加权汇总评分。指标数据的信息熵越小，可视为指标值的差异程度越大，所提供的信息量较多，其权重也应偏高；反之，指标数据的信息熵越大，可视为该指标值的差异程度较小，所提供的信息量较少，其权重也应偏低。所以，熵权法可以较为综合地反映指标数据全面信息含量，并减少人为干预误差，具有较强的客观性。

因此，基于对指标数据统计特征的考察，本章采用熵权法对上市公司创新发展能力进行综合评价。假设有 m 家待评公司和 n 项评价指标，X_{ij} 为第 i 家被评价对象在第 j 项指标下的统计值。首先，鉴于指标体系覆盖范围广泛、指标数据单位与量纲具有较大差异，对各指标数据进行无量纲化处理，且本章所选取指标均为正向指标，故采用式（1）的方式来处理。

$$x_{ij} = \frac{X_{ij} - X_{\min,j}}{X_{\max,j} - X_{\min,j}} \tag{1}$$

其次，构建规范化矩阵：

$$P_{ij} = \frac{x_{ij}}{\sum_{i=1}^{m} x_{ij}} \tag{2}$$

进而，计算第 j 项指标数据的信息熵值：

$$e_j = \frac{\sum_{i=1}^{m} P_{ij} \cdot \ln P_{ij}}{\ln m} \qquad (3)$$

进一步，计算其信息效用值为 d_j：

$$d_j = 1 - e_j \qquad (4)$$

从而，计算得到各指标项的熵权重：

$$W_j = \frac{d_j}{\sum_{i=1}^{n} d_j} \qquad (5)$$

再通过加权汇总，得到各公司的综合评价得分：

$$s_i = \sum_{j=1}^{n} W_j x_{ij} \qquad (6)$$

最后，采用分值排序等间隔转化方法，将上市公司创新发展能力综合评价得分优化调整为 50 分到 100 分区间下的均衡分布分值。

三 湖南省上市公司创新发展能力评价分析

(一) 总体评价分析

如图 1-3 所示，从中部六省上市公司创新发展能力均值比较分析情况来看，2018～2023 年湖南省上市公司创新发展能力均值呈先下降后上升趋势，自 2022 年开始上升，但始终低于全国平均水平，且在中部六省中水平偏低（低于安徽、河南及湖北三省），存在较大提升空间。

从各上市公司创新发展能力评价得分结果来看，表 1-3 显示，五矿资本创新发展能力评分位居湖南第一，达到 88.53 分，是湖南地区创新发展的"领头羊"；此外，得分前 5 名的公司还包括安克创新、景嘉微、国科微、宏达电子，这意味着上述五家公司创新发展能力较强，为带动湖南省创新发展作出了突出贡献。而华光源海、德众汽车、湘佳股份创新能力均低于 63 分，与创新发展能力较强的公司仍存在较大差距，其创新发展能力有待进一步提高。

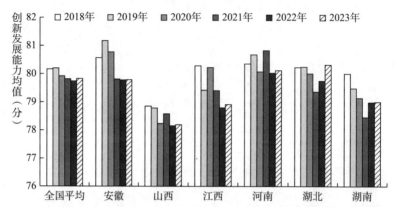

图 1-3　2018~2023 年中部六省上市公司创新发展能力均值比较分析

表 1-3　2018~2023 年湖南省上市公司创新发展能力
评价得分前 10 名与后 10 名

单位：分

公司简称	均分	综合排名	公司简称	均分	综合排名
五矿资本	88.53	1	克明食品	71.17	105
安克创新	86.63	2	岳阳兴长	69.51	106
景嘉微	86.29	3	唐人神	67.05	107
国科微	84.99	4	新五丰	66.20	108
宏达电子	84.80	5	华银电力	63.80	109
领湃科技	84.24	6	道道全	63.62	110
楚天科技	84.05	7	步步高	63.27	111
五新隧装	83.88	8	华光源海	62.85	112
三德科技	83.78	9	德众汽车	62.50	113
中联重科	83.57	10	湘佳股份	62.17	114

从前 5 名公司创新发展能力得分具体情况来看，表 1-4 显示，创新发展能力较强的公司主要分布于高新技术制造业。这主要是因

为高新技术制造业创新发展能力较强，催生了一大批新技术、新产业、新业态、新模式，为实现经济发展提供了新动能。具体而言，这些企业主要分布在计算机、通信和其他电子设备制造业。从分布地区来看，80%的企业位于省会长沙，这主要是因为省会城市创新资源更加丰富、创新氛围更为活跃、整体创新发展能力更易得到提升，并进一步对周围城市发挥辐射带动作用。

表 1-4　2018~2023 年湖南省上市公司创新发展能力评价得分前 5 名得分情况

单位：分

公司简称	得分							行业	地区
	2018 年	2019 年	2020 年	2021 年	2022 年	2023 年	均值		
五矿资本	—	87.02	87.85	89.32	89.71	88.76	88.53	其他金融业	长沙市
安克创新	—	—	89.02	87.40	83.40	86.69	86.63	计算机、通信和其他电子设备制造业	长沙市
景嘉微	86.18	86.52	87.07	86.42	86.28	85.29	86.29	计算机、通信和其他电子设备制造业	长沙市
国科微	85.61	86.85	86.15	84.04	83.65	83.66	84.99	计算机、通信和其他电子设备制造业	长沙市
宏达电子	84.55	84.90	86.75	84.64	84.60	83.36	84.80	计算机、通信和其他电子设备制造业	株洲市

注："—"表示数据缺失。

（二）分维度评价分析

1. 创新环境评价

（1）产学研创新联盟。

如图 1-4 所示，从中部六省上市公司产学研创新联盟数据比较分析情况来看，2018～2023 年湖南省上市公司平均产学研创新联盟数量呈现持续下降趋势，2021 年及之前高于全国平均水平，而后逐渐低于全国平均水平。2022～2023 年湖南在中部六省中水平偏低，仅略高于江西省。

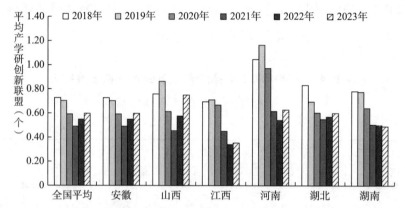

图 1-4　2018～2023 年中部六省上市公司平均产学研创新联盟数量比较分析

2018～2023 年湖南省上市公司产学研创新联盟数量前 5 名比较分析情况如表 1-5 所示，从行业分布来看，九芝堂、方盛制药等医药制造业企业对产学研创新联盟建设尤为关注，2018～2023 年多次在年报中提及相关词语，且自 2019 年开始高度重视产学研联盟相关建设，为其实现创新发展打下坚实基础；同时，"计算机、通信和其他电子设备制造业"以及"专用设备制造业"等制造业也对产学研联盟建设较为关注。从地区分布来看，这些公司主要位于湖南省会长沙，少部分位于长沙周边，如株洲、湘潭、益阳等发展势头较强的地区。

表 1-5　2018～2023 年湖南省上市公司产学研创新联盟数量前 5 名比较分析

单位：个

年份	公司简称	行业	地区	产学研创新联盟数量
2018	湘电股份	通用设备制造业	湘潭市	4

续表

年份	公司简称	行业	地区	产学研创新联盟数量
2018	芒果超媒	互联网和相关服务	长沙市	3
	飞鹿股份	化学原料及化学制品制造业	株洲市	3
	益丰药房	零售业	常德市	3
	华升股份	纺织业	长沙市	3
2019	九芝堂	医药制造业	长沙市	6
	楚天科技	专用设备制造业	长沙市	5
	泰嘉股份	通用设备制造业	长沙市	4
	华升股份	纺织业	长沙市	4
	奥士康	计算机、通信和其他电子设备制造业	益阳市	3
2020	安克创新	计算机、通信和其他电子设备制造业	长沙市	4
	益丰药房	零售业	常德市	4
	三德科技	仪器仪表制造业	长沙市	3
	华升股份	纺织业	长沙市	3
	友阿股份	零售业	长沙市	3
2021	方盛制药	医药制造业	长沙市	5
	科力远	电气机械及器材制造业	长沙市	5
	安克创新	计算机、通信和其他电子设备制造业	长沙市	3
	九典制药	医药制造业	长沙市	3
	宇环数控	通用设备制造业	长沙市	3
2022	方盛制药	医药制造业	长沙市	5
	岳阳林纸	造纸及纸制品	岳阳市	4
	五新隧装	专用设备制造业	长沙市	2
	芒果超媒	互联网和相关服务	长沙市	2
	九芝堂	医药制造业	长沙市	2

续表

年份	公司简称	行业	地区	产学研创新联盟数量
2023	高斯贝尔	计算机、通信和其他电子设备制造业	郴州市	5
	方盛制药	医药制造业	长沙市	3
	湖南天雁	汽车制造业	衡阳市	3
	启迪药业	医药制造业	衡阳市	3
	安克创新	计算机、通信和其他电子设备制造业	长沙市	2

（2）政府创新支持力度。

如图 1-5 所示，从中部六省政府对上市公司创新的资金支持力度比较分析情况来看，2021 年及之前湖南省政府所提供的平均资金数额持续增加，而后呈现下降趋势，且始终低于全国平均水平。在中部六省中，湖南省政府创新支持力度始终低于安徽、河南、湖北三省，而与山西、江西两省较为接近。

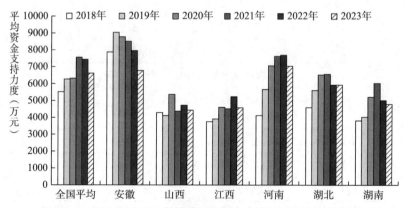

图 1-5　2018～2023 年中部六省政府对上市公司创新的
平均资金支持力度比较分析

2018～2023 年湖南省政府对上市公司创新的资金支持力度前 5 名比较分析情况如表 1-6 所示，从整体来看，各大公司获得的政府资金支持较为稳定，中联重科、五矿资本、蓝思科技、华菱钢铁等公司获得的政府资金支持较多。从行业分布来看，政府补助倾向于专用设备制造业。计算机、通信和其他电子设备制造业，黑色金属冶炼及压延加工业，以及其他金融业获得较多资金支持。从地区分布来看，政府对在省会长沙的公司的资金支持力度明显高于在其他地区的公司。

表 1-6　2018~2023 年湖南省政府对上市公司创新的资金支持力度前 5 名比较分析

单位：万元

年份	公司简称	行业	地区	资金支持力度
2018	株冶集团	有色金属冶炼及压延加工业	株洲市	60321
	蓝思科技	计算机、通信和其他电子设备制造业	长沙市	57974
	中联重科	专用设备制造业	长沙市	20334
	中南传媒	新闻和出版业	长沙市	17113
	华菱钢铁	黑色金属冶炼及压延加工业	长沙市	12262
2019	蓝思科技	计算机、通信和其他电子设备制造业	长沙市	52528
	五矿资本	其他金融业	长沙市	31165
	华菱钢铁	黑色金属冶炼及压延加工业	长沙市	31163
	中联重科	专用设备制造业	长沙市	20730
	旗滨集团	非金属矿物制品业	株洲市	11966
2020	五矿资本	其他金融业	长沙市	57832
	中联重科	专用设备制造业	长沙市	51786
	蓝思科技	计算机、通信和其他电子设备制造业	长沙市	44872
	华菱钢铁	黑色金属冶炼及压延加工业	长沙市	28013
	科力远	电气机械及器材制造业	长沙市	21048
2021	中联重科	专用设备制造业	长沙市	99673
	五矿资本	其他金融业	长沙市	97931

续表

年份	公司简称	行业	地区	资金支持力度
2021	蓝思科技	计算机、通信和其他电子设备制造业	长沙市	63422
	华菱钢铁	黑色金属冶炼及压延加工业	长沙市	35580
	山河智能	专用设备制造业	长沙市	19980
2022	中联重科	专用设备制造业	长沙市	78296
	五矿资本	其他金融业	长沙市	53401
	蓝思科技	计算机、通信和其他电子设备制造业	长沙市	49541
	华菱钢铁	黑色金属冶炼及压延加工业	长沙市	32980
	山河智能	专用设备制造业	长沙市	17294
2023	中联重科	专用设备制造业	长沙市	78296
	五矿资本	其他金融业	长沙市	53401
	蓝思科技	计算机、通信和其他电子设备制造业	长沙市	49541
	华菱钢铁	黑色金属冶炼及压延加工业	长沙市	32980
	山河智能	专用设备制造业	长沙市	17294

2. 创新投入评价

（1）研发投入强度。

如图 1-6 所示，从中部六省上市公司研发投入强度比较分析情况来看，2018～2023 年湖南省研发投入强度呈先下降后上升趋势，在中部地区居中上游（总体上超过安徽、江西、山西三省），在 5% 左右，这说明湖南省上市公司较为重视研发投入，但其研发投入强度总体上低于全国平均水平，需进一步予以提升。

2018～2023 年湖南省上市公司研发投入强度前 5 名比较分析情况如表 1-7 所示，从整体来看，各大公司研发投入强度较为稳定，国科微、景嘉微等公司研发投入强度较大。从行业来看，计算机、通信和其他电子设备制造业等制造行业及科技推广和应用服务业等服务行业研发投入强度较大；从地区来看，除省会城市外，衡阳、湘潭等地区的公司研发投入也较多。

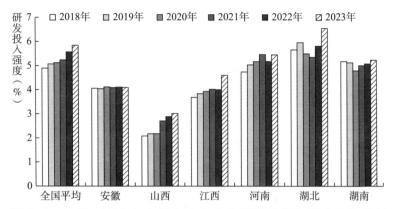

图1-6　2018~2023年中部六省上市公司研发投入强度比较分析

表1-7　2018~2023年湖南省上市公司研发投入强度前5名比较分析

单位：%

年份	公司简称	行业	地区	研发投入强度
2018	国科微	计算机、通信和其他电子设备制造业	长沙市	39
	华民股份	金属制品业	长沙市	27
	景嘉微	计算机、通信和其他电子设备制造业	长沙市	20
	南华生物	科技推广和应用服务业	长沙市	17
	拓维信息	软件和信息技术服务业	长沙市	14
2019	博云新材	金属制品业	长沙市	28
	国科微	计算机、通信和其他电子设备制造业	长沙市	22
	景嘉微	计算机、通信和其他电子设备制造业	长沙市	21
	宇环数控	通用设备制造业	长沙市	16
	景峰医药	医药制造业	常德市	16

续表

年份	公司简称	行业	地区	研发投入强度
2020	景嘉微	计算机、通信和其他电子设备制造业	长沙市	27
	国科微	计算机、通信和其他电子设备制造业	长沙市	27
	景峰医药	医药制造业	常德市	24
	天舟文化	互联网和相关服务	长沙市	16
	拓维信息	软件和信息技术服务业	长沙市	14
2021	领湃科技	电气机械和器材制造业	衡阳市	71
	景嘉微	计算机、通信和其他电子设备制造业	长沙市	25
	天舟文化	互联网和相关服务	长沙市	15
	国科微	计算机、通信和其他电子设备制造业	长沙市	15
	拓维信息	软件和信息技术服务业	长沙市	12
2022	景嘉微	计算机、通信和其他电子设备制造业	长沙市	27
	五矿资本	其他金融业	长沙市	17
	领湃科技	电气机械和器材制造业	衡阳市	16
	湘电股份	通用设备制造业	湘潭市	14
	国科微	计算机、通信和其他电子设备制造业	长沙市	14
2023	景嘉微	计算机、通信和其他电子设备制造业	长沙市	46
	领湃科技	电气机械和器材制造业	衡阳市	24
	科创信息	软件和信息技术服务业	长沙市	19
	国科微	计算机、通信和其他电子设备制造业	长沙市	14
	博云新材	金属制品业	长沙市	13

注：天舟文化的行业类别是根据证监会行业分类界定的，与其他公司行业标准保持一致。

（2）研发人员投入。

如图 1-7 所示，从中部六省上市公司研发人员占比比较分析情况来看，2018～2023 年湖南省研发人员占比在中部地区排名居中（超过江西、山西两省，但低于安徽、河南、湖北三省），在 15% 左右，总体呈现上升趋势，但低于全国平均水平；其他五省研发人员占比在 8%～18%，山西省研发人员占比最低。

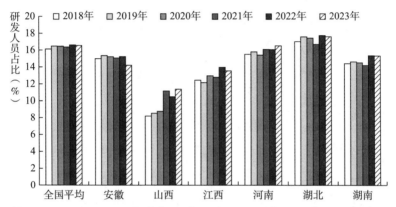

图 1-7 2018～2023 年中部六省上市公司研发人员占比比较分析

2018～2023 年湖南省上市公司研发人员占比前 5 名比较分析情况如表 1-8 所示，从整体来看，国科微、景嘉微、天舟文化、湘邮科技等公司研发人员占比较高。从行业来看，这些公司主要集中分布在计算机、通信和其他电子设备制造业等制造行业及互联网和相关服务、软件和信息技术服务业等高新技术服务行业，较多公司研发人员占比 50% 以上。从地区来看，研发人员较多的公司普遍位于省会长沙。

表 1-8 2018～2023 年湖南省上市公司研发人员占比前 5 名比较分析

单位：%

年份	公司简称	行业	地区	研发人员占比
2018	国科微	计算机、通信和其他电子设备制造业	长沙市	69

续表

年份	公司简称	行业	地区	研发人员占比
2018	景嘉微	计算机、通信和其他电子设备制造业	长沙市	60
	天舟文化	互联网和相关服务	长沙市	55
	湘邮科技	软件和信息技术服务业	长沙市	47
	华自科技	电气机械及器材制造业	长沙市	40
2019	天舟文化	互联网和相关服务	长沙市	69
	国科微	计算机、通信和其他电子设备制造业	长沙市	66
	景嘉微	计算机、通信和其他电子设备制造业	长沙市	64
	湘邮科技	软件和信息技术服务业	长沙市	52
	华自科技	电气机械及器材制造业	长沙市	41
2020	景嘉微	计算机、通信和其他电子设备制造业	长沙市	68
	天舟文化	互联网和相关服务	长沙市	68
	国科微	计算机、通信和其他电子设备制造业	长沙市	62
	安克创新	计算机、通信和其他电子设备制造业	长沙市	47
	湘邮科技	软件和信息技术服务业	长沙市	45
2021	景嘉微	计算机、通信和其他电子设备制造业	长沙市	69
	国科微	计算机、通信和其他电子设备制造业	长沙市	62
	天舟文化	互联网和相关服务	长沙市	53
	湘邮科技	软件和信息技术服务业	长沙市	48
	安克创新	计算机、通信和其他电子设备制造业	长沙市	45

续表

年份	公司简称	行业	地区	研发人员占比
2022	国科微	计算机、通信和其他电子设备制造业	长沙市	73
	景嘉微	计算机、通信和其他电子设备制造业	长沙市	69
	安克创新	计算机、通信和其他电子设备制造业	长沙市	50
	湘邮科技	软件和信息技术服务业	长沙市	45
	领湃科技	电气机械和器材制造业	衡阳市	38
2023	国科微	计算机、通信和其他电子设备制造业	长沙市	76
	景嘉微	计算机、通信和其他电子设备制造业	长沙市	64
	湘邮科技	软件和信息技术服务业	长沙市	52
	安克创新	计算机、通信和其他电子设备制造业	长沙市	48
	领湃科技	电气机械和器材制造业	衡阳市	34

3. 技术创新评价

技术创新主要通过专利申请量来衡量。

如图 1-8 所示，从中部六省上市公司平均专利申请量比较分析情况来看，2018~2023 湖南省上市公司平均专利申请量在中部地区排名居中，且低于全国平均水平。2021 年之前呈现持续上升趋势，而后开始下降，2023 年平均专利申请量为 30 件。

2018~2023 年湖南省上市公司专利申请前 5 名比较分析情况如表 1-9 所示，从整体来看，中联重科、楚天科技、时代新材、安克创新等公司专利申请量较多。从行业来看，这些公司主要分布在计算机、通信和其他电子设备制造业，专用设备制造业等制造行业，较多公司专利申请量为几百件。从地区来看，专利申请量较多的公司普遍位于省会长沙。

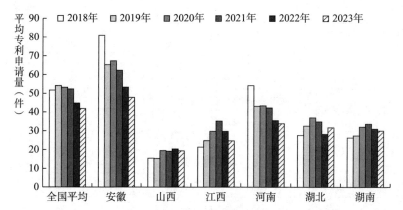

图 1-8　2018~2023 年中部六省上市公司平均专利申请量比较分析

表 1-9　2018~2023 年湖南省上市公司专利申请量前 5 名比较分析

单位：件

年份	公司简称	行业	地区	专利申请量
2018	时代新材	橡胶和塑料制品业	株洲市	362
	楚天科技	专用设备制造业	长沙市	300
	中联重科	专用设备制造业	长沙市	261
	奥士康	计算机、通信和其他电子设备制造业	益阳市	172
	三德科技	仪器仪表制造业	长沙市	127
2019	中联重科	专用设备制造业	长沙市	325
	时代新材	橡胶和塑料制品业	株洲市	320
	楚天科技	专用设备制造业	长沙市	292
	奥士康	计算机、通信和其他电子设备制造业	益阳市	149
	国科微	计算机、通信和其他电子设备制造业	长沙市	124
2020	中联重科	专用设备制造业	长沙市	758
	时代新材	橡胶和塑料制品业	株洲市	308
	楚天科技	专用设备制造业	长沙市	298

续表

年份	公司简称	行业	地区	专利申请量
2020	湘油泵	汽车制造业	衡阳市	174
	安克创新	计算机、通信和其他电子设备制造业	长沙市	171
2021	中联重科	专用设备制造业	长沙市	1020
	楚天科技	专用设备制造业	长沙市	418
	安克创新	计算机、通信和其他电子设备制造业	长沙市	278
	时代新材	橡胶和塑料制品业	株洲市	277
	山河智能	专用设备制造业	长沙市	173
2022	中联重科	专用设备制造业	长沙市	740
	安克创新	计算机、通信和其他电子设备制造业	长沙市	501
	楚天科技	专用设备制造业	长沙市	446
	时代新材	橡胶和塑料制品业	株洲市	219
	山河智能	专用设备制造业	长沙市	150
2023	中联重科	专用设备制造业	长沙市	740
	安克创新	计算机、通信和其他电子设备制造业	长沙市	501
	楚天科技	专用设备制造业	长沙市	446
	时代新材	橡胶和塑料制品业	株洲市	219
	山河智能	专用设备制造业	长沙市	150

4. 创新产出评价

（1）全员劳动生产率。

如图 1-9 所示，从中部六省上市公司全员劳动生产率比较分析情况来看，湖南省上市公司全员劳动生产率在中部地区排名中等靠前，总体上仅次于江西省、山西省。从时间变化趋势来看，湖南省全员劳动生产率 2018~2023 年呈上升—下降—上升的"N"型趋势。

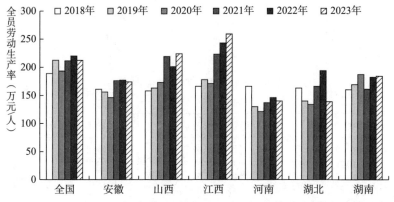

图1-9　2018~2023年中部六省上市公司全员劳动生产率比较分析

　　湖南省上市公司全员劳动生产率前5名比较分析情况如表1-10所示，从整体来看，2021年及之前湖南白银、道道全、华菱钢铁、株冶集团等传统产业公司劳动生产率较高，2021年之后湖南裕能等战略新兴产业公司全员劳动生产率进入前5。从地区来看，除长株潭地区外，全员劳动生产率较高的公司还位于常德、郴州、岳阳等地区。

表1-10　2018~2023年湖南省上市公司全员劳动生产率前5名比较分析

单位：万元/人

年份	公司简称	行业	地区	全员劳动生产率
2018	湖南白银	有色金属冶炼和压延加工业	郴州市	1761
	道道全	农副食品加工业	岳阳市	514
	华菱钢铁	黑色金属冶炼和压延加工业	长沙市	400
	现代投资	道路运输业	长沙市	386
	岳阳兴长	石油、煤炭及其他燃料加工业	岳阳市	302
2019	湖南白银	有色金属冶炼和压延加工业	郴州市	1368
	株冶集团	有色金属冶炼及压延加工业	株洲市	536
	道道全	农副食品加工业	岳阳市	483
	华菱钢铁	黑色金属冶炼及压延加工业	长沙市	440
	现代投资	道路运输业	长沙市	352

续表

年份	公司简称	行业	地区	全员劳动生产率
2020	道道全	农副食品加工业	岳阳市	606
	株冶集团	有色金属冶炼及压延加工业	株洲市	576
	华菱钢铁	黑色金属冶炼和压延加工业	长沙市	492
	安克创新	计算机、通信和其他电子设备制造业	长沙市	436
	金健米业	农副食品加工业	常德市	423
2021	株冶集团	有色金属冶炼及压延加工业	株洲市	1208
	华菱钢铁	黑色金属冶炼和压延加工业	长沙市	711
	道道全	农副食品加工业	岳阳市	565
	湖南白银	有色金属冶炼和压延加工业	郴州市	521
	金健米业	农副食品加工业	常德市	502
2022	株冶集团	有色金属冶炼和压延加工业	株洲市	1122
	湖南白银	有色金属冶炼和压延加工业	郴州市	935
	五矿新能	计算机、通信和其他电子设备制造业	长沙市	876
	湖南裕能	计算机、通信和其他电子设备制造业	湘潭市	760
	华菱钢铁	黑色金属冶炼及压延加工业	长沙市	706
2023	湖南白银	有色金属冶炼和压延加工业	郴州市	1674
	湖南裕能	计算机、通信和其他电子设备制造业	湘潭市	749
	华菱钢铁	黑色金属冶炼及压延加工业	长沙市	692
	道道全	农副食品加工业	岳阳市	656
	华菱线缆	电气机械和器材制造业	湘潭市	562

（2）营业利润率。

如图 1-10 所示，从中部六省上市公司营业利润率比较分析情况来看，湖南省上市公司营业利润率较低，2019 年仅高于山西省，低于其他五省及全国平均水平。

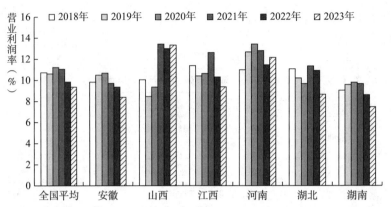

图 1-10 2018~2023 年中部六省上市公司营业利润率比较分析

2018~2023 年湖南省上市公司营业利润率前 5 名比较分析情况如表 1-11 所示，从整体来看，五矿资本、宏达电子等公司营业利润率较高。从行业来看，这些公司主要分布在计算机、通信和其他电子设备制造业，其他金融业等行业。从地区来看，除省会长沙外，营业利润率较高的公司还分布于株洲、益阳、湘西州（湘西土家族苗族自治州）等地区。

表 1-11 2018~2023 年湖南省上市公司营业利润率前 5 名比较分析

单位：%

年份	公司简称	行业	地区	营业利润率
2018	宏达电子	计算机、通信和其他电子设备制造业	株洲市	40
	景嘉微	计算机、通信和其他电子设备制造业	长沙市	35
	宇晶股份	通用设备制造业	益阳市	28
	隆平高科	农林牧渔业及辅助性活动	长沙市	26
	中科电气	计算机、通信和其他电子设备制造业	岳阳市	25
2019	五矿资本	其他金融业	长沙市	72
	宏达电子	计算机、通信和其他电子设备制造业	株洲市	43

续表

年份	公司简称	行业	地区	营业利润率
2019	华民股份	金属制品业	长沙市	40
	力合科技	仪器仪表制造业	长沙市	36
	景嘉微	计算机、通信和其他电子设备制造业	长沙市	35
2020	五矿资本	其他金融业	长沙市	94
	宏达电子	计算机、通信和其他电子设备制造业	株洲市	44
	湖南发展	电力、热力生产和供应业	长沙市	40
	力合科技	仪器仪表制造业	长沙市	39
	景嘉微	计算机、通信和其他电子设备制造业	长沙市	33
2021	五矿资本	其他金融业	长沙市	276
	宏达电子	计算机、通信和其他电子设备制造业	株洲市	52
	酒鬼酒	酒、饮料和精制茶制造业	湘西州	35
	旗滨集团	非金属矿物制品业	株洲市	34
	力合科技	仪器仪表制造业	长沙市	32
2022	五矿资本	其他金融业	长沙市	755
	宏达电子	计算机、通信和其他电子设备制造业	株洲市	51
	酒鬼酒	酒、饮料和精制茶制造业	湘西州	35
	三德科技	仪器仪表制造业	长沙市	28
	景嘉微	计算机、通信和其他电子设备制造业	长沙市	25
2023	五矿资本	其他金融业	长沙市	330
	军信股份	生态保护和环境治理业	长沙市	37
	宏达电子	计算机、通信和其他电子设备制造业	株洲市	35
	酒鬼酒	酒、饮料和精制茶制造业	湘西州	25
	汉森制药	医药制造业	益阳市	24

四 本章小结

通过上述分析，可以发现湖南省上市公司整体创新发展能力并不强，低于全国平均水平，在中部六省中处于中等偏下水平。在"三高四新"发展战略的指导下，还需进一步做好如下几个方面的工作。

第一，要推动更多优质企业上市，发挥创新引导作用。遴选治理结构完善、具有发展潜力的重点企业，做好上市后备资源梯队建设，着力引导高新技术制造业、现代服务业、专精特新"小巨人"企业等上市，为传统企业创新发展提供方向，助推传统产业转型升级与创新发展。

第二，要加强产学研创新联盟建设，打造良好创新环境。湖南省政府应发挥协调引导作用，促进企业、高校、科研院所等形成稳定的产学研创新联盟，并为之提供必要的资金支持。以此实现科技成果转化与产业转型升级，进而强化科技对经济发展的支撑和引领作用。

第三，要巩固企业研发投入主体地位，培育高水平研发人才。上市公司是优秀企业代表，更应该认识到研发投入的重要性，应更加注重提升研发资金及研发人员投入，加速创新发展。要与高校密切合作，制定具有特色的人才引进计划，使高校成为企业的人才储备库。在人才培养方面，应当针对不同层次的人才进行差异化的训练，以提高他们的专业素质

第四，进一步巩固技术创新成果，加强知识产权建设。湖南省政府应继续完善鼓励科技创新的政策，为科技企业和创新团队创造更好的发展环境；加强知识产权保护，严厉打击侵权行为，保护创新成果的合法权益。

第二章　湖南省上市公司创新发展分行业评价[*]

引　言

　　创新是第一驱动力，是国家高质量发展的根本动力，是构建现代产业体系的关键。国家整体创新水平提高的关键是制造业创新水平的提高。制造业是实体经济的支柱，习近平总书记在致 2019 世界制造业大会的贺信中指出，"全球制造业正经历深刻变革"，要"把推动制造业高质量发展作为构建现代化经济体系的重要一环"（《习近平向 2019 世界制造业大会致贺信》）。制造业高质量发展在我国经济发展中有着重要的地位和作用。制造业高质量发展需要创新驱动，制造业上市公司的创新水平对全国制造业创新发展起着极为重要的作用。

　　制造业内部不同行业创新水平也存在显著差异，行业之间创新水平差异也会导致制造业内上市公司之间产生盈利能力的差异。在市场经济竞争激烈的形势下，企业之间的竞争越发体现为核心技术的竞争。企业核心技术不仅依赖于自身持续的创新投入，而且还受到行业特征的影响。

---

　　[*] 本章为国家社科基金一般项目（项目编号：21BJL111）的阶段性成果。本章作者为李仁宇（湖南科技大学湖南创新发展研究院副教授）、骆晶（湖南科技大学商学院 2022 级应用经济学研究生）。

为科学把握湖南上市公司创新水平的行业差异，提出针对行业的对策建议，有必要对湖南上市公司创新的行业特征做深入分析。为此，本章利用 2018～2023 年湖南省上市公司数据，对湖南省上市公司创新水平展开分行业评价，特别是关注制造业上市公司创新水平，为推动湖南省上市公司高质量发展提供重要的政策启示和决策依据，具有重要的现实意义。

一 创新投入与增长速度的行业差异

（一）湖南上市公司分行业的考察

1. 研发投入规模与增长速度

由图 2-1 可知，①从总体上看，2018～2023 年湖南省分行业上市公司研发投入量总体呈上升趋势，从 2018 年投入的 10.44 亿元增至 2023 年的 16.45 亿元，年均增长率为 9.52%。②研发投入规模一直在增加的行业包括信息技术业、公用事业和制造业等。信息技术业研发投入量的年均增长率为 18.36%，在全行业中投入得最多、规模最大，发展前景广阔；制造业是研发投入量排第 2 位的产业，其年均增长率为 14.45%，随着技术创新能力进一步提高，产业结构优化，制造业将进入高质量发展阶段。③研发投入量呈现出波动态势甚至下降的行业包括电力煤气及水行业、农林牧渔业和采矿业。近年来，随着新能源占比不断提高，电力煤气及水行业、采矿业这些传统行业的研发投入量持续下降，同时电力煤气及水行业也是投入规模最小的行业，2023 年研发投入规模仅有 0.06 亿元；农林牧渔业、建筑业以及采矿业的研发投入量在 2018～2023 年上下波动明显。农林牧渔业的研发投入量在 2021～2023 年有所上升，但在 2018～2020 年呈下降趋势，尤其从 2019 年投入量的 2.09 亿元骤降至 2020 年的 0.91 亿元，下降率高达 56.46%。

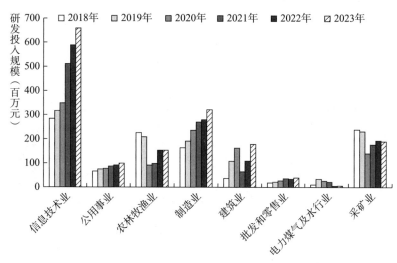

**图 2-1 2018~2023 年湖南省分行业上市公司研发投入规模*

资料来源：原始数据来自 Wind 数据库。

2. 研发人员投入情况

由图 2-2 可知，①整体上看，样本期间，湖南省分行业上市公司研发人员数量占比在总体上呈上升的趋势，从 2018 年的 12.71%增加至 2023 年的 15.94%，由此说明湖南省上市公司研发人员持续增加。②各行业表现存在显著差异，从上市公司人员构成来看，研发人员数量占比最高的两个行业分别是信息技术业和建筑业，且这两个行业的研发人员数量总体上呈现出显著的增长态势；公用事业和制造业这两个行业的研发人员数量占比均在 13%以上，2020 年以来，制造业的研发人员数量占比不断上升，但公用事业总体呈下降态势；批发和零售业与农林牧渔业这两个行业的研发人员数量占比相对较低。

---

* 为了便于不同行业创新投入与产出的比较，所有的分行业比较数据均为行业内所有上市公司的均值，本章中的行业间比较数据均是如此处理。

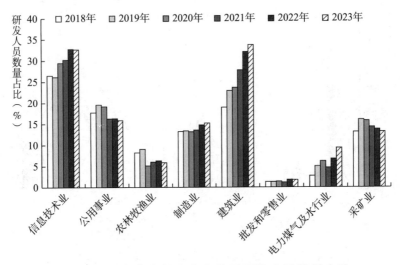

图 2-2　湖南省分行业上市公司研发人员数量占比

数据来源：原始数据来自 Wind 数据库。

(二) 湖南制造业上市公司分行业的考察

1. 制造业上市公司分布

湖南省制造业上市公司主要集中在专用设备制造业、医药制造业、化学原料及化学制品制造业、电气机械及器材制造业等，而通用设备设备制造业、造纸及纸制品业、饮料制造业等行业上市公司数量较少。

2. 研发投入规模与增长速度

由表 2-1 可知，①整体上看，2018～2023 年虽然部分产业的上市公司研发投入量波动较大，但湖南省制造业分行业上市公司研发投入量总体呈上升趋势。②研发投入规模较大的行业包括黑色金属冶炼及压延加工业，专用设备制造业，石油、化学、塑胶、塑料业，造纸及纸制品业等，这些行业的研发投入量处于高水平。具体而言，黑色金属冶炼及压延加工业的研发投入量处于连年增长状态，样本期间，每年的研发投入量有几十亿元，远超其他行业，其年均增长率也达到了 18.24%，体现该行业的重要地位；专用设备制造业的年均增长率达到了 13.88%，在 2019 年其增长率高达 62.62%，虽然 2021、2022 年专用设备制造业研发投入量有所下降，但仍处于高水平；石油、化学、塑胶、塑料业研发投入规模较大，但年均增长率为 2.19%，总体上处于平缓增长状态；造纸及纸制品业研发投入量处于持续上升趋势，由 2018 年的约 1.89 亿元增长至 2023 年的约 2.62 亿元。③石油加工及炼焦业、金属制品业等研发投入量处于相对较低水平。具体而言，2023 年，石油加工及炼焦业的研发投入规模为约 0.18 亿元，金属制品业为约 0.26 亿元，在全部行业中处于中下游水平。此外，"仪器仪表及文化、办公用机械制造业"和食品制造业这两个行业虽然研发投入规模相对不大，但始终处于持续上升状态，具有很大发展潜力。

表 2-1　2018~2023 年湖南省制造业分行业上市公司研发投入量

单位：百万元

行业名称	2018 年	2019 年	2020 年	2021 年	2022 年	2023 年
专用设备制造业	367.70	597.97	773.54	726.86	659.62	704.32
交通运输设备制造业	56.76	73.07	91.68	108.09	89.41	101.53
仪器仪表及文化、办公用机械制造业	29.61	41.78	41.94	53.50	57.48	67.22
化学原料及化学制品制造业	31.43	42.64	46.35	71.77	81.56	99.00
医药制造业	81.20	83.89	81.41	72.94	88.13	92.82
普通机械制造业	131.25	82.41	88.21	87.33	198.75	214.21
有色金属冶炼及压延加工业	83.28	83.53	35.56	37.88	37.41	38.07
电气机械及器材制造业	99.96	96.75	93.96	140.01	159.16	163.18
石油、化学、塑胶、塑料业	673.56	668.58	706.28	653.89	740.68	750.60
石油加工及炼焦业	2.21	7.31	6.36	11.87	18.80	18.26

行业名称	2018 年	2019 年	2020 年	2021 年	2022 年	2023 年
纺织业	40.33	47.40	43.62	50.41	44.67	47.84
通用设备制造业	—	—	—	15.04	17.92	19.35
造纸及纸制品业	188.87	225.03	239.48	248.15	257.25	261.63
金属制品业	19.98	12.29	9.59	16.79	23.45	26.15
非金属矿物制品业	125.27	157.20	161.58	191.53	169.94	189.73
食品制造业	45.06	46.27	48.66	76.12	76.34	78.76
食品加工业	26.50	42.47	44.79	46.22	42.01	46.30
饮料制造业	3.51	9.74	10.82	10.14	10.66	11.87
黑色金属冶炼及压延加工业	2965.40	3347.52	4340.42	6085.29	6453.29	6852.59

注："—"表数据缺失。

资料来源：原始数据来自 Wind 数据库。

3. 研发人员投入情况

由表 2-2 可知，①整体上看，样本期间，湖南省制造业分行业上市公司研发人员数量占比总体呈上升趋势，且大多行业研发人员数量占比呈现波动状态，研发人员数量占比较高的行业为专用设备制造业等具有高技术含量的行业，食品制造业等轻工业的研发人员数量占比较少。②研发人员数量占比较多的行业主要包括：通用设备制造业、有色金属冶炼及压延加工业、专用设备制造业和"仪器仪表及文化、办公用机械制造业"等，这些行业 2018 年以来的研发人员数量占比平均水平保持在 20% 左右，也一定程度上表明这些行业具有较强研发能力。③研发人员数量占比相对较少的行业，如饮料制造业、食品制造业、食品加工业等，这些行业研发人员较少，但总体呈增长趋势。④样本期间研发人员数量占比下降明显的行业主要包括有色金属冶炼及压延加工业、电气机械及器材制造业和黑色金属冶炼及压延加工业等。⑤样本期间研发人员数量占比上升明显的行业主要包括：化学原料及化学制品制造业、交通运输设备制造业和专用设备制造业等。

表 2-2 湖南省制造业分行业上市公司研发人员数量占比

单位：%

行业名称	2018 年	2019 年	2020 年	2021 年	2022 年	2023 年
专用设备制造业	18.08	18.71	19.98	17.74	19.21	22.61
交通运输设备制造业	13.45	13.86	15.15	13.58	15.43	18.67
仪器仪表及文化、办公用机械制造业	20.69	17.84	17.90	18.37	20.14	20.84
化学原料及化学制品制造业	9.83	12.36	13.27	15.26	16.83	18.26
医药制造业	12.29	11.64	12.68	12.85	14.61	15.28
普通机械制造业	20.13	16.71	16.67	16.74	18.34	19.21
有色金属冶炼及压延加工业	21.51	23.91	11.69	21.69	22.79	18.68
电气机械及器材制造业	18.27	18.90	18.14	15.82	15.61	15.60
石油、化学、塑胶、塑料业	18.99	19.13	19.12	20.55	17.05	17.78
石油加工及炼焦业	1.50	1.50	1.50	3.75	14.00	16.00
纺织业	9.56	9.18	7.75	8.08	10.16	12.67
通用设备制造业	—	—	—	23.36	24.71	25.07
造纸及纸制品业	10.41	10.36	10.29	10.49	10.86	10.80
金属制品业	11.99	10.66	9.49	13.49	10.01	11.41
非金属矿物制品业	12.25	13.70	14.03	12.34	13.07	13.59
食品制造业	5.32	5.46	5.88	6.12	6.77	6.89
食品加工业	6.20	6.29	5.73	5.08	6.70	6.28
饮料制造业	3.97	4.80	3.76	3.20	5.98	7.10
黑色金属冶炼及压延加工业	16.29	16.64	13.45	13.52	14.18	13.77

注："—"表示当年数据缺失。

资料来源：原始数据来自 Wind 数据库。

二 创新投入强度的行业差异

（一）湖南上市公司分行业的考察

由图2-3可知，①整体上看，样本期间，湖南省分行业上市公司研发投入强度总体呈上升趋势。其中，信息技术业的研发投入强度明显高于其他行业，2021~2023年其研发投入强度呈现稳定增长。虽然批发和零售业研发投入强度最低，但其总体处于增长状态，说明近年湖南省的批发和零售业发展较好。②研发投入强度行业间存在显著差异，例如，信息技术业与批发和零售业这两个行业投入强度悬殊，就2023年而言，信息技术业的研发投入强度是批发和零售业研发投入的约47倍。③部分行业研发投入强度呈现下降态势，近年来，农林牧渔业的研发投入强度没有明显的增长，而且相对于2018年呈现明显的下降，其研发投入强度由2018年的6.33%下降至

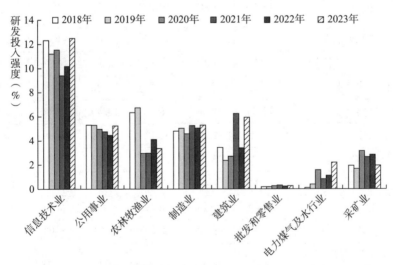

图2-3 2018~2023年湖南省分行业上市公司研发投入强度

资料来源：原始数据来自Wind数据库。

2023 年的 3.34%。而采矿业处于波动状态，总体研发投入强度相对较低。④样本期间，制造业的研发投入强度处于相对稳定状态，其研发投入强度从 2018 年的 4.79% 增长到 2023 年的 5.28%。

（二）湖南制造业上市公司分行业的考察

由表 2-3 可知，①整体上看，2018~2023 年湖南省制造业分行业上市公司研发投入强度总体上呈上升趋势，年均增长率为 2.29%，但行业间研发投入强度表现出差异。②研发投入强度较大的行业包括"专用设备制造业""交通运输设备制造业""仪器仪表及文化、办公用机械制造业""普通机械制造业""非金属矿物制品业"等，2023 年这些行业的研发投入强度均在 7% 以上。③研发投入强度较小的行业包括有色金属冶炼及压延加工业、饮料制造业、食品加工业等，2023 年这些行业的研发投入强度不足 1%。2018~2023 年平均强度最小的行业是饮料制造业，为 0.47%，最大的是"仪器仪表及文化、办公用机械制造业"，为 10.41%，约是饮料制造业的 22 倍。④研发投入强度一直上升的行业有石油加工及炼焦业、纺织业、通用设备制造业等；总体呈平稳增长的行业有交通运输设备制造业、化学原料及化学制品制造业等。交通运输设备制造业的研发投入强度从 2018 年的 6.84% 增至 2023 年的 8.25%，年均增长率为 3.82%，说明交通运输便利了人们的生活，创新投入强度总体增加。⑤呈现下降的行业有电气机械及器材制造业、金属制品业等。"仪器仪表及文化、办公用机械制造业"和"电气机械及器材制造业"的研发投入强度在 2022 年有回暖的趋势，意味着这两个行业有进一步发展的机会。食品加工业年均增长率为 -3.73%，即使在 2019 年的年增长率达到了 21.15%，食品加工业创新强度不大且有可能在未来仍然持续下降。⑥波动明显的行业有"仪器仪表及文化、办公用机械制造业"等。

表 2-3   2018~2023 年湖南省制造业分行业上市公司研发投入强度

单位：%

行业名称	2018 年	2019 年	2020 年	2021 年	2022 年	2023 年
专用设备制造业	6.70	6.73	5.24	5.04	6.15	7.23
交通运输设备制造业	6.84	6.14	6.75	8.23	8.61	8.25
仪器仪表及文化、办公用机械制造业	11.65	9.36	8.37	9.03	12.45	11.62
化学原料及化学制品制造业	2.84	3.20	3.50	13.20	5.80	7.03
医药制造业	4.69	5.83	6.59	4.43	4.89	5.60
普通机械制造业	6.17	9.70	6.97	6.16	7.71	8.13
有色金属冶炼及压延加工业	0.76	1.18	0.56	0.29	0.29	0.46
电气机械及器材制造业	6.64	5.74	5.03	4.78	5.46	4.94
石油、化学、塑胶、塑料业	5.61	5.95	4.68	4.65	4.93	5.03
石油加工及炼焦业	0.11	0.42	0.44	0.61	1.20	1.79
纺织业	1.89	2.055	2.305	2.525	2.65	2.78
通用设备制造业	—	—	—	4.01	5.96	7.10
造纸及纸制品业	2.69	3.17	3.37	3.17	3.09	3.03
金属制品业	15.16	6.00	3.35	4.44	3.54	4.23
非金属矿物制品业	5.57	9.01	8.17	6.13	6.72	7.49
食品制造业	2.24	2.14	2.18	2.17	2.16	1.95
食品加工业	0.52	0.63	0.60	0.57	0.47	0.43
饮料制造业	0.30	0.64	0.59	0.30	0.41	0.58
黑色金属冶炼及压延加工业	3.25	3.13	3.73	3.55	3.84	4.17

注："—"表示数据缺失。

资料来源：原始数据来自 Wind 数据库。

三　创新产出的行业差异

（一）湖南上市公司分行业的考察

由图 2-4 可知，①整体上看，样本期间，湖南省分行业上市公司平均专利申请量（行业内上市公司的均值）总体呈上升趋势。②信息技术业上市公司平均专利申请量遥遥领先于其他行业，其年均增长率高达 10.60%，该行业上市公司平均专利申请量由 2018 年的 61.86件增加至 2023 年的 102.35 件。③制造业上市公司平均专利申请量也较多，尤其在 2018 年、2020 年其增长率分别达到 38.93%、24.98%，但在 2022 年平均专利申请量有所下降，但其总体仍处于较高水平。④其他行业创新产出相对较少。公用事业上市公司平均专利申请量总体处于下降状态，样本期间年均增长率为 -8.44%，农林牧渔业上市公司平均专利申请量在 2018 年前处于增长状态，而 2018 年后呈波动下降状态。同时，公用事业、批发和零售业与采矿业上市公司平均专利申请量一直处于低水平状态。

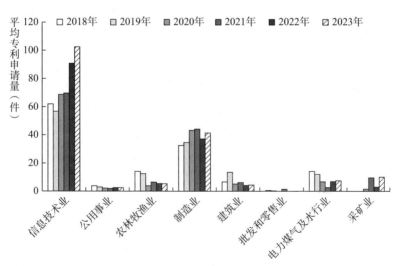

图 2-4　2018~2023 年湖南省分行业上市公司平均专利申请量

资料来源：原始数据来自 Wind 数据库。

（二）湖南制造业上市公司分行业的考察

由表2-4知，①整体上看，在样本期间，湖南省制造业分行业上市公司平均专利申请量（行业内上市公司专利申请量的均值）在稳步增加，从2018年的26.49件增加到2023年的33.85件，年均增长率为5.03%。②分行业来看，专利申请主要集中在专业设备制造业和"石油、化学、塑胶、塑料业"。③上市公司平均专利申请量总体呈现上升趋势的有专用设备制造业、非金属矿物制品业等。其中，非金属矿物制品业上市公司平均专利申请量持续上升，年均增长率高达86.52%，属于高速增长行业；专用设备制造业在2022年有所下降，但仍是专利产出规模第二大的行业；食品制造业上市公司平均专利申请量从2018年的6.75件增至2023年的16.83件，年均增长率为20.05%。④呈现下降的行业有"仪器仪表及文化、办公用机械制造业"、有色金属冶炼及压延加工业、"石油、化学、塑胶、塑料业"以及通用设备制造业等。"仪器仪表及文化、办公用机械制造业"在2023年，平均仅有20.11件专利申请量；尽管"石油、化学、塑胶、塑料业"在样本期间的平均专利申请量在持续下降，但2023年平均专利申请量为193.62件，仍在整个制造业中占较大份额；通用设备制造业上市公司平均专利申请量的年均增长率是负的，说明通用设备制造业创新能力还有待提升。⑤化学原料及化学制品制造业、食品加工业以及饮料制造业等在样本期间波动明显。食品加工业上市公司平均专利申请量不超过6件。湖南饮料制造业仅有酒鬼酒一家上市公司。黑色金属冶炼及压延加工业上市公司在样本期间平均专利申请量一直为0。

表 2-4　2018~2023 年湖南省制造业分行业上市公司平均专利申请量

单位：件

行业名称	2018 年	2019 年	2020 年	2021 年	2022 年	2023 年
专用设备制造业	132.20	151.80	201.00	232.25	180.00	204.71
交通运输设备制造业	25.67	38.00	66.33	18.00	11.67	11.34
仪器仪表及文化、办公用机械制造业	127.00	54.00	42.00	42.00	27.50	20.11
化学原料及化学制品制造业	2.67	9.33	8.33	3.57	9.29	10.75
医药制造业	16.75	26.88	17.38	5.38	3.63	5.38
普通机械制造业	28.25	23.00	8.25	12.00	13.50	13.38
有色金属冶炼及压延加工业	28.50	18.50	7.50	12.50	8.00	6.64
电气机械及器材制造业	11.00	13.14	22.29	17.71	24.57	31.68
石油、化学、塑胶、塑料业	362.00	320.00	308.00	277.00	219.00	193.62
石油加工及炼焦业	0	9.00	0	0	4.00	4.00
纺织业	25.50	15.00	18.00	28.00	16.00	17.79
通用设备制造业	—	—	—	20.00	17.00	14.45
造纸及纸制品业	26.00	30.00	31.00	21.00	22.00	31.51
金属制品业	5.00	11.50	42.00	26.00	4.00	6.00
非金属矿物制品业	2.00	2.67	5.33	13.50	23.50	45.15
食品制造业	6.75	3.25	6.75	9.25	11.00	16.83
食品加工业	2.20	2.80	5.40	2.20	4.40	5.58
饮料制造业	1.00	8.00	32.00	23.00	44.00	129.31
黑色金属冶炼及压延加工业	0	0	0	0	0	0

注："—"表示数据缺失。

资料来源：原始数据来自 Wind 数据库。

四 主要行业创新水平与全国比较

（一）湖南制造业整体创新水平与全国比较

1. 研发投入规模的比较

由图 2-5 可知，①样本期间，全国制造业研发投入规模（行业平均）和湖南省制造业研发投入规模总体都呈上升趋势，且湖南省制造业研发投入规模低于全国水平，说明湖南省制造业研发投入规模仍较小，还具有上升空间。②2018~2020 年全国制造业研发投入规模呈平缓上升状态，而 2020~2022 年，其呈现高速增长状态，由 2.59 亿元增长到 3.90 亿元，增长了 50.58%。同样，2018~2023 年湖南省制造业研发投入规模呈平缓上升状态。③2018~2023 年湖南省制造业研发投入规模低于全国平均水平，且差距较大，在 2020 年达到最小差距 0.23 亿元，而 2020 年后，差距逐渐扩大，在 2023 年达到最大差距 1.13 亿元。

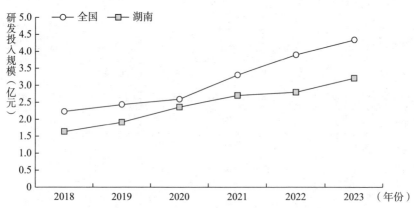

图 2-5 2018~2023 年湖南省制造业研发投入规模与全国比较

资料来源：原始数据来自 Wind 数据库。

2. 研发投入强度的比较

由图 2-6 可知，①样本期间，全国制造业研发投入强度总体呈上升状态，湖南省制造业研发投入强度虽然较大波动，但总体仍处于上升状态。总体上，样本期间湖南省制造业研发投入强度高于全国平均水平，说明湖南省对制造业创新研发较为支持。②样本期间，全国制造业研发投入强度持续上升，湖南省制造业研发投入强度在2018~2019年呈上升状态，而到2020年出现明显下降，2021年又迅速上升且超过2019年水平，但在2022年又出现了一定程度的下降，总体波动较大。③总体上，样本期间，全国制造业研发投入强度低于湖南省制造业研发投入强度，但在2018~2020年二者差距慢慢缩小，而2021年两者差距又扩大，在2022年两者差距最小，基本达到同等水平。

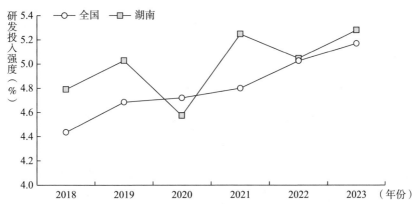

图 2-6　2018~2023 年湖南省制造业研发投入强度与全国比较

资料来源：原始数据来自 Wind 数据库。

3. 研发人员投入的比较

据图2-7可知，①2022年及之前湖南省制造业上市公司研发人员数量占比的均值要低于全国制造业上市公司研发人员数量占比的均值。在样本期间，全国制造业上市公司研发人员数量占比为14.50%，而湖南省为13.86%。②样本期间，全国制造业上市公司研发人员数量占比的均值波动明显，但总体上来说呈上升趋势，其中增长尤为明显的是2018~2019年，从13.75%增长到14.82%。湖南省制造业上市公司研发人员数量占比的均值呈上升态势，从 2018 年的 13.22% 增至 2023 年的 15.18%。③样本期间，湖南省制造业上市公司研发人员数量占比与全国平均水平的差距慢慢缩小，到 2023 年略超全国水平。

图 2-7　湖南省制造业研发人员数量占比与全国比较

数据来源：原始数据来自 Wind 数据库。

4. 创新产出的比较

据图 2-8 可知，①湖南省制造业上市公司平均专利申请量比全国制造业上市公司平均专利申请量低，但年均增长率比全国高。在样本期间，全国制造业上市公司平均专利申请量为 61.49 件，年均增长率为 1.03%，而湖南省制造业上市公司平均专利申请量为 38.73 件，年均增长率为 4.98%。②全国制造业上市公司平均专利申请量在 2018~2023 年总体处于稳定状态，尽管在 2022 年有所下降，但 2023 年相较于 2018 年来说仍然是有所增长的。湖南省制造业上市公司平均专利申请量在 2018~2023 年总体呈上升趋势，与全国上市公司平均专利申请量趋势大致相同，总体的申请量都在增加。③湖南省与全国制造业上市公式平均专利申请量之间的差距总体来说在缩小，由 2018 年差 25.55 件缩小到 2023 年的 19.71 件。

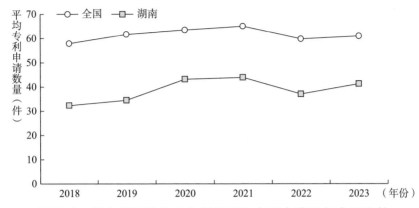

图 2-8　湖南省制造业上市公司平均专利申请量与全国比较

资料来源：原始数据来自 Wind 数据库。

（二）湖南制造业重点行业创新水平与全国比较

1. 研发投入规模的比较

由表 2-5 可知，总体上，2018～2023 年湖南省重点行业研发投入规模总体上低于全国平均水平。分行业来看，在专用设备制造业，①湖南省研发投入规模高于全国平均水平，且处于较高水平。②分时间段来看，2018～2021 年，湖南省研发投入规模与全国平均水平同处于增长状态，到 2022 年，全国平均水平仍处于增长状态，而湖南省研发投入规模开始呈下降状态。2018～2023 年湖南省研发投入规模年均增长率达到了 13.85%，而全国平均研发投入规模年均增长率为 20.57%，二者都呈较快增长状态。样本期间，在 2018～2021 年二者差距逐渐扩大，但 2022 年开始由于湖南省研发投入规模下降，二者差距缩小。

在化学原料及化学制品制造业，①湖南省研发投入规模远远低于全国平均水平，存在很大提升空间。②样本期间，虽然湖南省研发投入规模和全国平均水平都处于不断增长状态，但湖南省研发投入规模与全国平均水平的差距总体来看在扩大。

在医药制造业，①全国研发投入规模平均水平呈高速增长状态，其年均增长率达到了15.48%。而湖南省研发投入规模呈现缓慢增长状态，其年均增长率仅为2.80%，且2020年、2021年其都呈下降状态。②样本期间，湖南省研发投入规模低于全国平均水平，且存在较大差距，差距也呈逐渐扩大趋势。

在电气机械及器材制造业，①湖南省研发投入规模低于全国平均水平，与全国水平相比存在较大差距，且差距在不断扩大，湖南省这一行业研发投入规模存在很大进步空间。②样本期间，全国研发投入规模平均水平呈不断上升状态，且在近几年呈现快速增长状态，而湖南省研发投入规模处于轻微波动但缓慢增长状态。

表2-5 2018~2023年湖南省重点行业研发投入规模与全国比较

单位：亿元

年份	专用设备制造业		化学原料及化学制品制造业		医药制造业		电气机械及器材制造业	
	全国	湖南	全国	湖南	全国	湖南	全国	湖南
2018	1.55	3.68	1.12	0.31	1.69	0.81	2.79	1.00
2019	1.91	5.98	1.14	0.43	1.98	0.84	2.99	0.97
2020	2.24	7.74	1.15	0.46	2.21	0.81	3.20	0.94
2021	2.84	7.27	1.66	0.72	2.77	0.73	4.20	1.40
2022	3.24	6.60	1.98	0.82	3.14	0.88	5.35	1.59
2023	3.95	7.04	2.34	0.99	3.47	0.93	5.59	1.63

资料来源：原始数据来自Wind数据库。

2. 研发投入强度的比较

分行业来看（见表2-6），在专用设备制造业，①整个样本期间，全国研发投入强度平均水平处于轻微波动但稳定增长状态，而湖南省研发投入强度处于较大波动但总体上升状态。在2018、2019、2023年，湖南省在专用设备制造业的研发投入强度高于全国平均水平，而在其他年份则低于全国平均水平。②由于湖南省研发投入强度波动较大，其与全国平均水平的差距也处于变化之中，但可以明确的是除了 2018、2019、2023 年，湖南省专用设备制造业的研发投入强度都低于全国平均水平，且差距较大。

在化学原料及化学制品制造业，①整个样本期间，湖南省研发投入强度呈较快增长状态，虽然在 2022 年存在一定下降，但其总体还是增长状态，而全国平均研发投入强度呈波动式上升状态。②分时间段来看，2018~2020 年湖南省研发投入强度低于全国平均水平，2021 湖南省实现了反超，从这一年度开始，湖南省的研发投入强度明显高于全国平均水平，使湖南省该行业相对拥有一定发展优势。

在医药制造业，①样本期间，湖南省研发投入强度低于全国平均水平。全国研发投入强度平均水平呈较快增长状态，而湖南省研发投入强度处于较大波动状态。②分时间段来看，在 2018~2020 年，湖南省研发投入强度呈上升状态，而到 2021 年研发投入强度出现了骤降，同比下降 32.78%。虽然 2022 年湖南省有所增长，但增长幅度较小。在 2018~2020 年，湖南省研发投入强度低于全国平均水平，这期间差距不大甚至逐渐缩小，而由于 2021 年湖南省研发投入强度的骤降，二者差距明显扩大。

在电气机械及器材制造业，①样本期间，湖南省研发投入强度总体上略高于全国平均水平。②分时间段来看，2018~2021 年，湖南省研发投入强度总体呈下降趋势，其年均增长率为−10.38%。2018~2020 年，湖南省研发投入强度高于全国平均水平，但差距呈不断缩小状态。然而，由于 2021 年湖南省研发投入强度的下降，出现了全国平均研发投入强度高于湖南省的情况。而 2022 年湖南省研发投入强度重新实现明显增长，也使得湖南省研发投入强度恢复对全国平均水平的超越。

表 2-6　2018~2023 年湖南省重点行业研发投入强度与全国比较

单位：%

年份	专用设备制造业		化学原料及化学制品制造业		医药制造业		电气机械及器材制造业	
	全国	湖南	全国	湖南	全国	湖南	全国	湖南
2018	6.09	6.70	3.36	2.84	6.03	4.69	4.86	6.64
2019	6.30	6.73	3.58	3.20	6.64	5.83	5.15	5.74
2020	6.05	5.24	4.07	3.50	7.08	6.59	4.95	5.03
2021	6.36	5.04	4.10	13.20	7.35	4.43	4.96	4.78
2022	6.68	6.15	3.83	5.80	8.19	4.89	5.01	5.46
2023	7.21	7.23	4.04	7.03	9.01	5.60	5.03	4.94

资料来源：原始数据来自 Wind 数据库。

3. 研发人员投入的比较

分行业来看，据表 2-7 可知，在专用设备制造业，①湖南省上市公司研发人员数量占比的均值比全国均值要大。在样本期间，全国上市公司研发人员数量占比的均值为 18.20%，而湖南省为 19.39%。②全国与湖南省上市公司研发人员数量占比总体上均呈上升趋势，尽管 2021 年都有所下降。③湖南省上市公司研发人员数量占比与全国研发人员数量占比之间的差距总体上呈扩大态势。2018 年湖南省研发人员数量占比比全国高 0.36 个百分点，而到了 2023 年，这一指标湖南省比全国高了 4.08 个百分点。

在化学原料及化学制品制造业，①湖南省上市公司研发人员数量占比的均值比全国均值大。在样本期间，全国研发人员数量占比平均水平为 13.63%，而湖南省为 14.30%。②全国研发人员数量占比相对稳定，而湖南省研发人员数量占比持续上升。③湖南省研发人员数量占比与全国的差距先缩小再扩大。湖南省研发人员数量占比在 2021 年超过了全国研发人员数量占比，在之后仍然在增长，而全国研发人员数量占比呈下降趋势，所以差距拉大。

在医药制造业，①湖南省上市公司研发人员数量占比的均值比全国均值小。在样本期间，全国研发人员数量占比平均水平为 14.85%，而湖南省为 13.23%。②总体上看，湖南省研发人员数量占比与全国趋势大致相同，都呈现出上升的趋势。③湖南省研发人员数量占比与全国的差距先扩大再缩小。

在电气机械及器材制造业，①湖南省上市公司研发人员数量占比的均值比全国均值大。在样本期间，全国研发人员数量占比平均水平为 16.92%，而湖南省为 17.06%。②全国研发人员数量占比总体上呈上升趋势，2022 年的增长速度最快。湖南省研发人员数量占比呈现先上升后下降的趋势，在 2019 年上升，2020 年开始持续下降。③2021 年，全国研发人员数量占比开始高于湖南省，在 2022 年全国水平高于湖南省 3.33 个百分点。

表 2-7　湖南省重点行业研发人员数量占比与全国比较

单位：%

年份	专用设备制造业		化学原料及化学制品制造业		医药制造业		电气机械及器材制造业	
	全国	湖南	全国	湖南	全国	湖南	全国	湖南
2018	17.72	18.08	13.23	9.83	13.70	12.29	16.40	18.27
2019	18.24	18.71	13.62	12.36	14.33	11.64	16.71	18.90
2020	18.45	19.98	13.78	13.27	14.97	12.68	16.71	18.14
2021	18.06	17.74	13.99	15.26	15.08	12.85	16.25	15.82
2022	18.22	19.21	13.73	16.83	15.50	14.61	18.94	15.61
2023	18.53	22.61	13.43	18.26	15.54	15.28	16.52	15.60

数据来源：原始数据来自 Wind 数据库。

4. 创新产出的比较

分行业来看，据表 2-8 可知，在专用设备制造业行业，①湖南省上市公司平均专利申请量比全国多。全国上市公司在样本期间平均专利申请量为 55.37 件，而湖南省平均专利申请量有 194.51 件，且每年湖南省专利申请量都比全国多。②湖南省上市公司平均专利申请量与全国上市公司平均专利申请量增长趋势大体相同，都在 2021 年前逐步上升，在 2022 年有所下降。③全国上市公司平均专利申请量与湖南的差距较大。

在化学原料及化学制品制造业行业，①湖南省上市公司平均专利申请量比全国上市公司平均专利申请量少。全国上市公司在样本期间平均专利申请量为 17.95 件，而湖南省上市公司平均专利申请量为 7.37 件，且全国上市公司平均专利申请量始终比湖南省多。②尽管样本期间有所波动，全国上市公司平均专利申请量在样本期间总体上呈上升趋势，年均增长率为 1.18%，而湖南省上市公司平均专利申请量增长较快，年均增长率为 32.12%。③湖南省上市公司平均专利申请量与全国上市公司平均专利申请量的差距维持在 6 件以上。湖南省与全国上市公司平均专利申请量相比，在 2021 年差距最大，相差 15.15 件，在 2023 年相差最小，为 6.13 件。

在医药制造业行业，①样本期间湖南省上市公司平均专利申请量比全国水平高。全国上市公司在样本期间平均专利申请量为 11.15 件，而湖南省的平均专利申请量为 12.57 件。②全国上市公司平均专利申请量呈下降趋势，波动不明显。湖南省上市公司平均专利申请量呈先上升后下降的趋势，波动起伏较大。③湖南省上市公司平均专利申请量在 2020 年及之前超过全国平均水平，但在 2021 年被全国平均水平反超。

在电气机械及器材制造业行业，①湖南省上市公司平均专利申请量比全国上市公司平均专利申请量少。全国上市公司在样本期间平均专利申请量为 195.87 件，而湖南省上市公司平均专利申请量为 20.07 件，全国每年专利申请量都比湖南省多。②湖南省上市公司平均专利申请量增长趋势与全国类似，在 2018~2020 年都呈上升趋势。③湖南省上市公司平均专利申请量与全国上市公司平均专利申请量的差距先扩大后缩小再扩大再缩小，在 2021 年差距最大，为 205.76 件。

表 2-8　2018~2023 年湖南省重点行业上市公司平均专利申请量与全国比较

单位：件

年份	专用设备制造业		化学原料及化学制品制造业		医药制造业		电气机械及器材制造业	
	全国	湖南	全国	湖南	全国	湖南	全国	湖南
2018	51.25	132.20	15.92	2.67	13.88	16.75	187.69	11.00
2019	57.98	151.80	17.82	9.33	12.21	26.88	210.86	13.14
2020	58.58	201.00	20.70	8.33	12.34	17.38	215.29	22.29
2021	61.29	232.25	18.98	3.57	11.29	5.38	223.47	17.71
2022	54.36	180.00	17.41	9.29	8.78	3.63	186.26	24.57
2023	48.79	204.71	16.88	10.75	8.37	5.38	151.62	31.68

资料来源：原始数据来自 Wind 数据库。

五　本章小结

综上所述，本章得出以下主要结论。其一，湖南省分行业上市公司创新水平存在显著差异。样本期间，分行业上市公司研发投入规模、投入强度以及平均专利申请量整体呈上升趋势。其中，信息技术行业在研发投入规模、研发投入强度、研发人员投入以及平均专利申请量上表现突出，其次是制造业，但制造业研发投入强度增长较为平缓；批发和零售业、电力煤气及水行业研发投入规模和投入强度较小、较低，与其他行业的差距明显；公用事业、批发和零售业与采矿业平均专利申请量相对其他行业均处于低水平状态。其二，湖南省制造业内部不同行业创新水平存在显著差异。同时，制造业上市公司主要集中在专用设备制造业、化学原料及化学制品制造业以及电气机械及器材制造业等。样本期间，制造业内部不同行业研发投入规模、投入强度以及平均专利申请量整体呈上升趋势。其中，黑色金属冶炼及压延加工业、"石油、化学、塑胶、塑料业"和专用设备制造业的投入较多，远高于其他行业投入量；在研发投入强度方面，石油加工及炼焦业等的年均增长速度较快；在平均专利申请量方面，专用设备制造业、非金属矿物制品业等总体上呈上升趋势。其三，湖南省制造业的创新水平相较全国仍存在较大差距，尤其在研发投入规模方面。研发投入强度总体上虽高于全国水平，但波动较大；平均专利申请量整体呈上升趋势，2022 年及之前低于全国平均水平。在重点行业方面，湖南省的专用设备制造业表现较好，而化学原料及化学制品制造业、医药制造业存在较大的改进空间。电气机械及器材制造业在研发投入规模方面需扩大，但研发投入强度总体上略高于全国水平。此外，湖南省专用设备制造业平均专利申请量高于全国平均水平。

党的二十大报告提出，必须坚持"创新是第一动力""坚持创新在我国现代化建设全局中的核心地位"。因此，为提升湖南省制造业创新水平，本章从政府和企业两个角度提出如下对策建议。

对于政府而言，首先，政府设立专项资金支持创新项目，鼓励企业增加研发投入，提高研发投入水平，特别是研发投入规模和投入强度下降的领域。同时可以在批发和零售业等研发投入强度较低的领域，鼓励企业通过合作与创新联盟等方式共享资源，降低研发成本。其次，应当加强重点行业创新。例如，为化学原料及化学制品制造业、医药制造业等低研发投入的行业提供财政和税收政策上的支持，以促进其技术创新。制定专门政策，加大对电气机械及器材制造业的研发投入，鼓励企业进行技术创新。最后，政府可设立行业间技术创新合作平台，鼓励企业间开展技术合作、共享研发成果，以提高整体创新水平。同时建立跨行业的研发经验交流机制，促进企业间的合作，提高创新效率。

对于企业而言，首先，企业应当审时度势，引入市场反馈机制，及时调整产品和服务，保持创新的市场敏感性。其次，针对投入强度较低的行业，企业应当制定长期研发规划，确保资金的合理分配和使用，优化资源配置，提高研发效益。优势行业领域的企业，如"石油、化学、塑胶、塑料业"等平均专利申请量前三的企业应当趁势而上，继续加大技术创新投入；针对饮料制造业、通用设备制造业等投入强度处于末位的行业，企业应制定创新计划，加大研发力度，提高专利申请量。最后，企业可以加强与科研机构之间的技术交流和共同创新，如与湖南省内外高校、科研机构建立密切的合作关系，引入前沿技术，提升企业创新水平。

第三章　湖南省上市公司创新发展分地区评价[*]

湖南省可分为长株潭地区、洞庭湖地区、湘南地区和湘西地区四大板块，各板块间经济社会发展呈现明显的空间层次和发展梯次。长株潭地区包括长沙市、株洲市、湘潭市，水土资源丰富，区位交通优越，工业体系和基础设施网络完善，经济实力最强，对全省生产总值的贡献率达41.8%，是湖南省中部地区崛起的核心增长极。洞庭湖地区包括岳阳市、常德市、益阳市，地处鱼米之乡，农业发展条件优越，区域内经济发展实力仅次于长株潭地区，是湖南省融入长江经济带发展的重要区域。湘南地区包括衡阳市、郴州市、永州市，矿产和旅游资源丰富，具有对接粤港澳大湾区建设的区域优势。湘西地区包括邵阳市、娄底市、怀化市、张家界市和湘西土家族苗族自治州（可简称"湘西自治州"），位于我国中部丘陵向西部高原过渡地带，地形复杂，经济发展较为落后，重点发展人文旅游产业。

从全省角度来看，湖南省具有丰富的创新资源和雄厚的创新基础，但是资源在各地市州间、各大发展板块间分布不平衡，其中长株潭地区集聚了全省60%以上的创新平台、70%以上的高新技术企业、80%以上的高校科研机构、85%以上的科研成果，而其他市州的项目资金、创新平台、高校院所、高端人才等创新资源相对匮乏，

---

* 本章作者为李华金（湖南科技大学湖南创新发展研究院讲师）、胡益洪（西南大学经济管理学院2024级农业经济管理专业硕士研究生）。

且区域差距越来越大。这些创新资源的不平衡分布会影响各地区上市公司的发展及其创新行为，进而对其创新能力产生重要影响。为了观测湖南省上市公司创新发展的区域差异，本章从区域维度，对长株潭地区、洞庭湖地区、湘南地区和湘西地区四个区域上市公司创新发展情况进行评价和分析。

一　长株潭地区

长株潭地区地处湖南省中东部，为长江中游城市群的重要组成部分，包括长沙市、株洲市、湘潭市，地理位置优越，交通便利，产业基础良好，是湖南省经济发展的核心增长极。2023年，长株潭地区全年实现地区生产总值20741.72亿元，人均地区生产总值为110937元，全体居民人均可支配收入为51889.33元（数据来源于各地市州统计公报）。截至2023年底，长株潭地区有上市公司107家，其中制造业上市公司占比为63.55%，批发和零售业上市公司占比为8.41%，信息传输、软件和信息技术服务业上市公司占比为5.61%。其中有创新数据的上市公司为77家，占全部上市公司的71.96%。

（一）创新发展综合评价

截至2023年12月，长株潭地区有创新数据的上市公司为77家，其中长沙62家，株洲9家，湘潭6家。如图3-1所示，2018~2023年长株潭地区上市公司创新发展综合指数均值保持较为稳定的趋势，2023年地区平均值达到79.62分，其中长沙最高，最高年份均值达到80.16分，株洲和湘潭上市公司创新发展综合指数均值低于地区平均水平。湘潭2022年均值降为75.33分，2023年又升至78.58分，呈现出较大的变化趋势。同样，株洲上市公司创新发展综合指数均值也在2020年和2021年呈下降趋势，但2023年又呈现出较为明显的增长趋势。

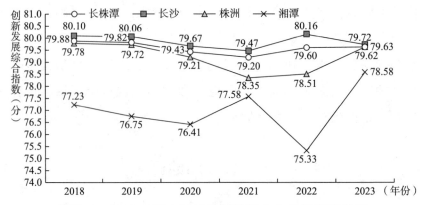

图 3-1   2018～2023 年长株潭地区上市公司创新发展
综合指数变化趋势

资料来源：笔者根据国泰安数据库整理得到。

如表 3-1 所示，2023 年长株潭地区上市公司创新发展综合指数排名前 10%公司中有 6 家公司位于长沙市，仅有 1 家公司地处株洲市。从行业分布来看，大部分是战略性新兴产业领域的制造业，仅五矿资本为从事房地产投资的其他金融行业。

表 3-1   2023 年长株潭地区上市公司创新发展综合指数排名前 10%公司

单位：分

排名	股票代码	公司简称	城市	行业名称	创新发展综合指数
1	600390	五矿资本	长沙市	其他金融业	89.56
2	603998	方盛制药	长沙市	医药制造业	89.21
3	300474	景嘉微	长沙市	计算机、通信和其他电子设备制造业	86.29
4	300726	宏达电子	株洲市	计算机、通信和其他电子设备制造业	85.49
5	600476	湘邮科技	长沙市	软件和信息技术服务业	84.23
6	835174	五新隧装	长沙市	专用设备制造业	84.07
7	000157	中联重科	长沙市	专用设备制造业	83.62

资料来源：国泰安数据库。

（二）创新环境评价

从政府补助水平来看，2023 年长株潭地区 77 家上市公司获得政府补助平均值为 5904.70 万元，高于湖南省均值 5017.23 万元。从补助金额分布来看，高于均值的上市公司有 13 家，占区域总数的 16.88%，说明长株潭地区对上市公司的创新资源支持比较集中。如图 3-2 所示，从区域内地市州分布来看，2023 年政府补助最高的是长沙市，平均值为 6525.88 万元；其次是株洲市，平均值为 4333.31 万元；湘潭市最低，平均值为 1842.91 万元。从演进趋势来看，长株潭地区政府对上市公司的补助呈增长趋势，其中长沙上市公司获得政府补助的水平在大部分年份高于平均水平；湘潭的政府补助水平则表现出下降的趋势，由 2018 年 2486.99 万元的水平降至 2023 年的 1842.91 万元。

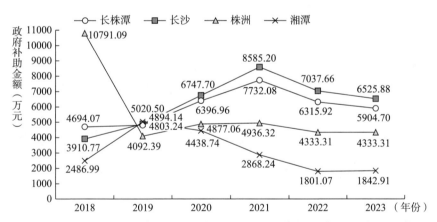

图 3-2　2018~2023 年长株潭地区上市公司获得政府补助变化趋势

资料来源：笔者根据国泰安数据库整理得到。

如表 3-2 所示，从单个公司获得资助情况来看，2023 年获得政府补助金额排名前 10%公司中有 6 家公司来自长沙，6 家为战略性新兴产业领域的企业。获得政府补助最高的为中联重科，政府补助金额为 78296.30 万元；五矿资本排名第二，获得政府补助金额为

53400.98 万元。

表 3-2　2023 年长株潭地区上市公司获得政府补助排名前 10%公司

单位：万元

排名	股票代码	公司简称	城市	行业名称	政府补助金额
1	000157	中联重科	长沙市	专用设备制造业	78296.30
2	600390	五矿资本	长沙市	其他金融业	53400.98
3	300433	蓝思科技	长沙市	计算机、通信和其他电子设备制造业	49540.57
4	000932	华菱钢铁	长沙市	黑色金属冶炼及压延加工业	32980.37
5	002097	山河智能	长沙市	专用设备制造业	17293.95
6	300672	国科微	长沙市	计算机、通信和其他电子设备制造业	13630.76
7	601636	旗滨集团	株洲市	非金属矿物制品业	12952.44

资料来源：国泰安数据库。

从参与产学研创新联盟情况来看，长株潭地区的产学研创新联盟基本位于长沙市，近几年参与产学研创新联盟的上市公司 80%以上聚集在长沙，湘潭和株洲上市公司参与产学研创新联盟数最高不超过 6 个。从演进趋势来看，2018~2023 年长株潭地区产学研创新联盟数量总体上表现为减少趋势，由 2018 年的 46 个减少至 2023 年的 32 个，长沙、株洲和湘潭三市的产学研创新联盟数量也呈现出下降趋势（见图 3-3）。

（三）创新投入情况

从研发投入强度（即研发投入占营业收入比例）来看，如图 3-4 所示，2023 年长株潭地区 77 家上市公司的研发投入强度平均水平为 5.72%，高于湖南省均值 5.23%。从演进趋势来看，长株潭地区上市公司研发投入强度均值呈先下降后上升的趋势，其中长沙的研发投入强度均值一直高于地区平均水平；株洲保持增长态势；湘潭则在

2018～2021 年保持平稳状态，在 2022 年呈现较大幅度的增长。

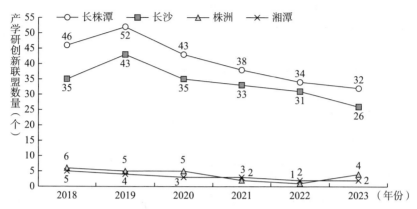

图 3-3　2018～2023 年长株潭地区上市公司参与产学研

创新联盟数量变化趋势

资料来源：笔者根据国泰安数据库整理得到。

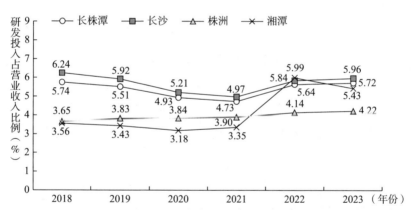

图 3-4　2018～2023 年长株潭地区上市公司研发投入占营业

收入比例变化趋势

资料来源：笔者根据国泰安数据库整理得到。

如表 3-3 所示，2023 年长株潭地区研发投入强度排名前 10% 的
7 家上市公司中，最高的是长沙景嘉微，研发投入强度为 27.33%；
其次是五矿资本，研发投入强度为 17.28%。从地区分布情况来看，
仅有排名第三的湘电股份位于湘潭市，其他 6 家均为长沙的上市公

司，且大部分公司属于战略性新兴产业领域的企业。

表3-3 2023年长株潭地区上市公司研发投入强度排名前10%公司

单位：%

排名	股票代码	公司简称	城市	行业名称	研发投入强度
1	300474	景嘉微	长沙市	计算机、通信和其他电子设备制造业	27.33
2	600390	五矿资本	长沙市	其他金融业	17.28
3	600416	湘电股份	湘潭市	通用设备制造业	14.27
4	300672	国科微	长沙市	计算机、通信和其他电子设备制造业	14.06
5	300800	力合科技	长沙市	仪器仪表制造业	13.56
6	002261	拓维信息	长沙市	软件和信息技术服务业	12.33
7	002297	博云新材	长沙市	非金属矿物制品业	11.58

资料来源：国泰安数据库。

从研发人员投入（即研发人员数量占比）来看，如图3-5所示，2023年长株潭地区77家上市公司的研发人员投入平均水平为16.54%，高于湖南省均值15.28%。从演进趋势来看，长株潭地区上市公司研发人员数量占比均值保持着较为稳定的增长态势，其中长沙市上市公司的研发人员数量占比最高，均值高于总体平均水平；其次是株洲市，均值保持在11%～15%；湘潭市上市公司研发人员数量占比与长沙市和株洲市均存在较大差距，特别是2019年和2022年分别与长沙市相差6.13个百分点和4.52个百分点。

从研发人员投入分布来看，2023年长株潭地区高于均值的上市公司有27家，占区域总数的35.06%。其中，最高的是国科微，研发人员数量占比为72.54%。上市公司研发人员数量占比排名前10%的公司全部为长沙市的上市公司，且大多集中分布在计算机、通信和其他电子设备制造业，软件和信息技术服务业以及专用设备制造业等战略性新兴产业领域（见表3-4）。

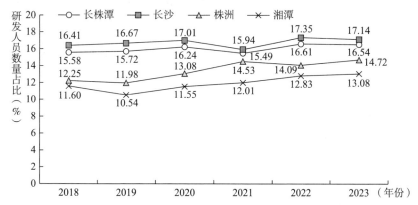

图 3-5　2018~2023 年长株潭地区上市公司研发人员数量占比变化趋势

资料来源：笔者根据国泰安数据库整理得到。

表 3-4　2023 年长株潭地区上市公司研发人员数量占比排名前 10％公司

单位：%

排名	股票代码	公司简称	城市	行业名称	研发人员数量占比
1	300672	国科微	长沙市	计算机、通信和其他电子设备制造业	72.54
2	300474	景嘉微	长沙市	计算机、通信和其他电子设备制造业	68.50
3	300866	安克创新	长沙市	计算机、通信和其他电子设备制造业	50.34
4	600476	湘邮科技	长沙市	软件和信息技术服务业	45.00
5	300490	华自科技	长沙市	电气机械及器材制造业	30.93
6	300358	楚天科技	长沙市	专用设备制造业	30.67
7	000157	中联重科	长沙市	专用设备制造业	29.71

资料来源：国泰安数据库。

（四）技术创新情况

如图 3-6 所示，2023 年长株潭地区上市公司专利申请数量为

2942 件，其中长沙 2539 件，株洲 344 件，湘潭 59 件。从演进趋势来看，长沙市呈现较好的增长趋势，由 2018 年的 1301 件增至 2023 年的 2539 件；株洲市则呈现较为明显的下降趋势，由 2018 年的 527 件下降至 2023 年的 344 件；湘潭市则在 2021 年增至 150 件后，又下降至 2023 年的 59 件。

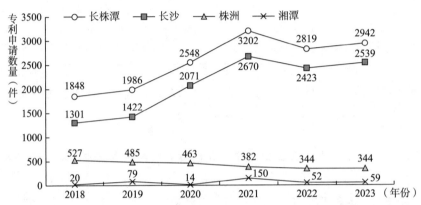

图 3-6　2018~2023 年长株潭地区上市公司专利申请数量变化趋势

资料来源：笔者根据国泰安数据库整理得到。

如表 3-5 所示，2023 年长株潭地区上市公司专利申请数量排名前 10% 的公司中仅时代新材一家公司属于株洲市，其他 6 家均在长沙市，且 90% 以上的公司属于计算机、通信和其他电子设备制造业等战略性新兴产业领域。不同上市公司专利申请数量差距比较大，中联重科最多，达到 740 件，排名第七的长缆科技的专利申请数仅为 60 件。

表 3-5　2023 年长株潭地区上市公司专利申请数量排名前 10% 公司

单位：件

排名	股票代码	公司简称	城市	行业名称	专利申请数量
1	000157	中联重科	长沙市	专用设备制造业	740
2	300866	安克创新	长沙市	计算机、通信和其他电子设备制造业	501

续表

排名	股票代码	公司简称	城市	行业名称	专利申请数量
3	300358	楚天科技	长沙市	专用设备制造业	446
4	600458	时代新材	株洲市	橡胶和塑料制品业	219
5	002097	山河智能	长沙市	专用设备制造业	150
6	300672	国科微	长沙市	计算机、通信和其他电子设备制造业	65
7	002879	长缆科技	长沙市	电气机械及器材制造业	60

资料来源：国泰安数据库。

（五）创新产出情况

从全员劳动生产率来看，如图3-7所示，2023年长株潭地区77家上市公司的全员劳动生产率平均水平为251.48万元/人，高于湖南省均值181.64万元/人，其中长沙市上市公司的全员劳动生产率水平最高，均值为344.48万元/人；株洲市次之，均值为202.91万元/人；湘潭市最低，均值为113.30万元/人。从演进趋势来看，长株潭地区上市公司的全员劳动生产率总体上保持上升趋势，湘潭则在2021年后表现出较为明显的下降趋势。

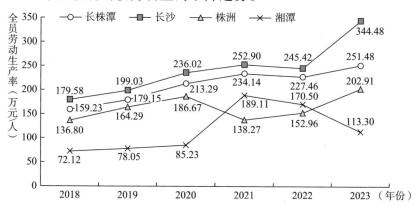

图3-7 2018~2023年长株潭地区上市公司全员劳动生产率变化趋势

资料来源：笔者根据国泰安数据库整理得到。

从全员劳动生产率分布来看,2023 年长株潭地区高于均值的上市公司有 10 家,占区域总数的 12.99%。其中,最高的是湖南黄金,全员劳动生产率为 47820.07 万元/人。2023 年长株潭地区上市公司中,湖南黄金、ST 有棵树、华凯易佰全员劳动生产率位居前三,属于有色金属矿采选业和零售业,专用设备制造业企业的全员劳动生产率相对较低(见表 3-6)。

表 3-6　2023 年长株潭地区上市公司全员劳动生产率排名前 10%公司

单位:万元/人

排名	股票代码	公司简称	城市	行业名称	全员劳动生产率
1	002155	湖南黄金	长沙市	有色金属矿采选业	47820.07
2	300209	ST 有棵树	长沙市	零售业	38706.86
3	300592	华凯易佰	长沙市	零售业	17668.10
4	000519	中兵红箭	湘潭市	专用设备制造业	7142.12
5	600961	株冶集团	株洲市	有色金属冶炼及压延加工业	6100.07
6	601636	旗滨集团	株洲市	非金属矿物制品业	5523.93
7	002533	金杯电工	长沙市	电气机械及器材制造业	3394.02

资料来源:国泰安数据库。

从营业利润率来看,如图 3-8 所示,2023 年长株潭地区 77 家上市公司的营业利润率平均水平为 8.79%,高于湖南省均值 8.58%。其中株洲上市公司的营业利润率水平最高,均值为 9.57%;长沙次之,均值为 8.77%;湘潭最差,均值为 7.81%。从演进趋势来看,长株潭地区上市公司营业利润率在 2021 年达到峰值,2022 年和 2023 年均表现出较为明显的下降趋势。其中,株洲和长沙的发展趋势与长株潭地区保持一致,湘潭上市公司的营业利润率平均值则从 2018 年的 5.01%上升至 2023 年的 7.81%。

从营业利润率分布来看,2023 年长株潭地区高于均值的上市公

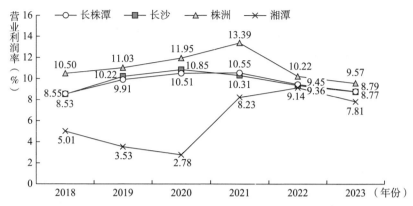

图 3-8　2018～2023 年长株潭地区上市公司营业利润率变化趋势

资料来源：笔者根据国泰安数据库整理得到。

司有 28 家，占区域总数的 36.36%。其中，最高的是五矿资本，营业利润率为 100%；其次为株洲的宏达电子，营业利润率高达 50.76%；湘潭电化成为湘潭市唯一一家上榜企业，其营业利润率达到 20.67%（见表 3-7）。从地市州分布情况来看，依然是以长沙市的上市公司为主，湘潭市和株洲市各仅有一家跻身营业利润率排名前 10% 的公司。

表 3-7　2023 年长株潭地区上市公司营业利润率排名前 10% 公司

单位：%

排名	股票代码	公司简称	城市	行业名称	营业利润率
1	600390	五矿资本	长沙市	其他金融业	100.00
2	300726	宏达电子	株洲市	计算机、通信和其他电子设备制造业	50.76
3	300515	三德科技	长沙市	仪器仪表制造业	28.00
4	300474	景嘉微	长沙市	计算机、通信和其他电子设备制造业	24.82
5	300015	爱尔眼科	长沙市	医疗卫生	21.94
6	002125	湘潭电化	湘潭市	化学原料及化学制品制造业	20.67

排名	股票代码	公司简称	城市	行业名称	营业利润率
7	603998	方盛制药	长沙市	医药制造业	18.53

资料来源：国泰安数据库。

二 洞庭湖地区

洞庭湖地区包括常德、岳阳、益阳三市，该地区主要为生态经济区，重点打造石油化工、船舶、粮油、水产品加工、轻纺等产业集群，区内经济发展实力仅次于长株潭地区，是湖南省融入长江经济带发展的重要区域。2023年，洞庭湖地区全年实现地区生产总值11363.69亿元，人均地区生产总值为92180元，全体居民人均可支配收入为36135元（数据来源于各地市州统计公报）。截至2023年底，洞庭湖地区共有上市公司24家，其中制造业上市公司占比最高，为70.83%，农林牧渔业上市公司占比为20.83%，建筑业，批发和零售业，信息传输、软件和信息技术服务业以及水利、环境和公共设施管理业等行业的上市公司占比为8.33%。其中有创新数据的上市公司数量为20家，占比83.33%。

（一）创新发展综合评价

如图3-9所示，2023年洞庭湖地区创新发展综合指数平均水平为76.43分，低于湖南省平均水平79.14分，与长株潭地区均值相差3.19分。从演进趋势来看，2018~2023年，洞庭湖地区上市公司创新发展综合指数呈下降趋势，均值由79.64分下降至76.43分。其中，常德上市公司创新发展综合指数下降趋势非常明显，均值从83.77分下降至69.45分，下降幅度为17.09%。岳阳上市公司创新发展综合指数则保持较为平稳的发展趋势。益阳上市公司表现良好，尽管有一定幅度的下降，但总体水平一直处于地区平均水平之上。

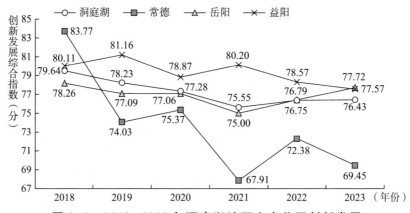

**图 3-9 2018~2023 年洞庭湖地区上市公司创新发展
综合指数变化趋势**

资料来源：笔者根据国泰安数据库整理得到。

从创新发展综合指数分布来看，2023 年洞庭湖地区高于均值的上市公司有 12 家，占区域总数的 60%。其中，指数最高的是岳阳林纸，其创新发展综合指数为 86.46 分（见表 3-8）。从地市州分布情况来看，2023 年洞庭湖地区创新发展综合指数排名前 10 的公司中岳阳有 4 家，常德有 2 家，益阳有 4 家，主要分布在农副食品加工业、造纸及纸制品业以及医药制造业等领域。

表 3-8 2023 年洞庭湖地区上市公司创新发展综合指数排名前 10 公司

单位：分

排名	股票代码	公司简称	城市	行业名称	创新发展综合指数
1	600963	岳阳林纸	岳阳市	造纸及纸制品业	86.46
2	603959	百利科技	岳阳市	土木工程建筑业	83.46
3	603989	艾华集团	益阳市	计算机、通信和其他电子设备制造业	82.49

续表

排名	股票代码	公司简称	城市	行业名称	创新发展综合指数
4	600127	金健米业	常德市	农副食品加工业	82.07
5	002549	凯美特气	岳阳市	生态保护和环境治理业	81.83
6	002412	汉森制药	益阳市	医药制造业	81.22
7	002943	宇晶股份	益阳市	通用设备制造业	80.70
8	000702	正虹科技	岳阳市	农副食品加工业	80.61
9	002913	奥士康	益阳市	计算机、通信和其他电子设备制造业	80.49
10	000908	景峰医药	常德市	医药制造业	80.31

资料来源：国泰安数据库。

（二）创新环境评价

如图 3-10 所示，2023 年洞庭湖地区 20 家上市公司获得政府补助平均水平为 2883.39 万元，低于湖南省均值 5017.23 万元。从地市州分布来看，2023 年政府补助金额平均水平最高的是常德，均值

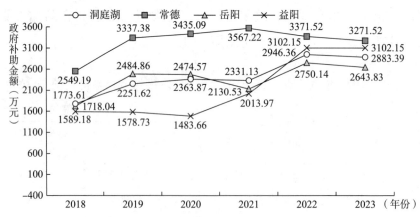

图 3-10 2018~2023 年洞庭湖地区上市公司获得政府补助变化趋势

资料来源：笔者根据国泰安数据库整理得到。

为 3271.52 万元；益阳次之，均值为 3102.15 万元；岳阳最低，均值为 2643.83 万元。从演进趋势来看，2018～2023 年益阳的创新环境得到较大改善，上市公司获得的政府补助上升趋势明显；岳阳也呈现较为稳定的增长趋势；常德一直保持着较高的政府补助水平，其上市公司创新发展的政策环境处于优势地位。

如表 3-9 所示，从政府补助金额分布来看，2023 年洞庭湖地区高于均值的上市公司有 5 家，占区域总数的 25%。从地区分布来看，益阳有 5 家上市公司获得较高水平的政府补助，常德有 3 家，岳阳有 2 家。从补贴金额大小来看，岳阳林纸获得的政府补助最多，高达 15576.23 万元；益阳的奥士康排名第 2，获得补助 9308.39 万元。从分布行业来看，这些上市公司主要集中在造纸及纸制品业，计算机、通信和其他电子设备制造业等领域。

表 3-9　2023 年洞庭湖地区上市公司获得政府补助排名前 10 公司

单位：万元

排名	股票代码	公司简称	城市	行业名称	政府补助金额
1	600963	岳阳林纸	岳阳市	造纸及纸制品业	15576.23
2	002913	奥士康	益阳市	计算机、通信和其他电子设备制造业	9308.39
3	603939	益丰药房	常德市	零售业	4386.12
4	002661	克明食品	益阳市	食品制造业	3583.26
5	600127	金健米业	常德市	农副食品加工业	3113.89
6	300035	中科电气	岳阳市	电气机械及器材制造业	2862.12
7	300123	亚光科技	益阳市	铁路、船舶、航空航天和其他运输设备制造业	2750.83
8	603989	艾华集团	益阳市	计算机、通信和其他电子设备制造业	2080.66
9	002982	湘佳股份	常德市	畜牧业	2014.54
10	002943	宇晶股份	益阳市	通用设备制造业	1966.29

资料来源：国泰安数据库。

如图 3-11 所示，2023 年洞庭湖地区产学研创新联盟总数量为 9 个，其中常德市有 1 个，益阳市有 1 个，岳阳市有 7 个。从演进趋势来看，洞庭湖地区上市公司参与产学研创新联盟数量呈下降趋势，由 2018 年的 13 个下降至 2023 年的 9 个，其中常德由 2018 年的 6 个下降至 2023 年的 1 个；益阳由 2018 年的 2 个增加至 2019 年的 7 个后，又在 2023 年下降至 1 个。

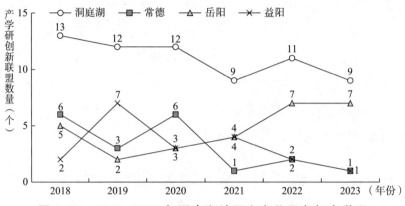

图 3-11　2018~2023 年洞庭湖地区上市公司参与产学研创新联盟数量变化趋势

资料来源：笔者根据国泰安数据库整理得到。

（三）创新投入情况

从研发投入强度来看，如图 3-12 所示，2023 年洞庭湖地区 20 家上市公司的研发投入强度平均水平为 3.32%，低于湖南省均值 5.23%。从各地市州横向比较来看，2023 年益阳上市公司的研发投入强度表现最好，均值达到 4.24%；常德次之，均值为 3.65%；岳阳最低，均值为 3.57%。从演进趋势来看，2018~2023 年益阳和岳阳的研发投入强度均值在初期增长后表现出一定下降趋势，随后呈上升趋势；常德则在较低水平下保持较为稳定的发展态势。

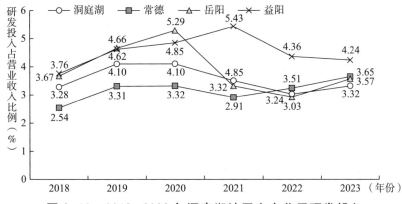

图 3-12 2018~2023 年洞庭湖地区上市公司研发投入
占营业收入比例变化趋势

资料来源：笔者根据国泰安数据库整理得到。

从单个企业研发投入强度来看，2023 年常德的医药制造企业景峰医药成为洞庭湖地区研发投入强度的榜首上市公司，研发投入强度为 7.23%，但与长株潭地区最高值还存在较大差距。另外，从各地市州分布情况来看，2023 年洞庭湖地区研发投入强度排名前 10 的上市公司中益阳有 5 家上榜，岳阳有 4 家上榜，常德仅有 1 家上榜（见表 3-10）。从行业分布情况来看，这些上市公司主要分布在医药制造、计算机通信、电气机械等制造业领域。

表 3-10 2023 年洞庭湖地区上市公司研发投入强度排名前 10 公司

单位：%

排名	股票代码	公司简称	城市	行业名称	研发投入强度
1	000908	景峰医药	常德市	医药制造业	7.23
2	300123	亚光科技	益阳市	铁路、船舶、航空航天和其他运输设备制造业	6.58
3	002913	奥士康	益阳市	计算机、通信和其他电子设备制造业	6.42
4	603989	艾华集团	益阳市	计算机、通信和其他电子设备制造业	5.56

续表

排名	股票代码	公司简称	城市	行业名称	研发投入强度
5	002549	凯美特气	岳阳市	生态保护和环境治理业	5.12
6	002412	汉森制药	益阳市	医药制造业	5.09
7	002943	宇晶股份	益阳市	通用设备制造业	4.57
8	300035	中科电气	岳阳市	电气机械及器材制造业	4.06
9	603959	百利科技	岳阳市	土木工程建筑业	3.39
10	600963	岳阳林纸	岳阳市	造纸及纸制品业	3.09

资料来源：国泰安数据库。

从研发人员投入来看，如图 3-13 所示，2023 年洞庭湖地区 20 家上市公司的研发人员数量占比均值为 11.98%，低于湖南省均值 15.28%，其中岳阳上市公司研发人员数量占比最高，均值为 15.50%；益阳次之，均值为 11.00%；常德最低，均值仅为 2.57%。从演进趋势来看，岳阳和益阳上市公司的研发人员数量占比呈现较为稳定的增长态势，常德上市公司的研发人员数量占比在较低的水平下呈下降趋势。

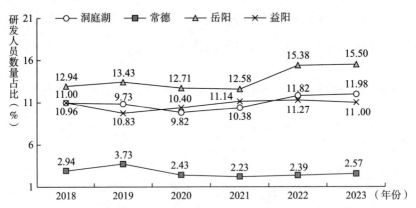

图 3-13　2018~2023 年洞庭湖地区上市公司研发人员数量占比变化趋势

资料来源：笔者根据国泰安数据库整理得到。

从地区公司排名来看，洞庭湖地区上市公司研发人员数量占比排名第一的是百利科技，为一家土木工程建筑业企业，其研发人员数量占比高达 32.10%；其次是常德市的景峰医药，研发人员数量占比为 26.36%（见表 3-11）。从地市州分布情况来看，洞庭湖地区研发人员数量占比排名前 10 的上市公司中益阳有 5 家企业上榜，岳阳有 4 家企业上榜，常德仅有 1 家企业上榜。从行业分布来看，它们依然以制造业企业为主。

表 3-11　2023 年洞庭湖地区上市公司研发人员数量占比排名前 10 公司

单位：%

排名	股票代码	公司简称	城市	行业名称	研发人员数量占比
1	603959	百利科技	岳阳市	土木工程建筑业	32.10
2	000908	景峰医药	常德市	医药制造业	26.36
3	002549	凯美特气	岳阳市	生态保护和环境治理业	21.36
4	300123	亚光科技	益阳市	铁路、船舶、航空航天和其他运输设备制造业	18.48
5	000819	岳阳兴长	岳阳市	石油加工、炼焦及核燃料加工业	14.00
6	002913	奥士康	益阳市	计算机、通信和其他电子设备制造业	13.86
7	603989	艾华集团	益阳市	计算机、通信和其他电子设备制造业	13.45
8	002943	宇晶股份	益阳市	通用设备制造业	13.27
9	002412	汉森制药	益阳市	医药制造业	12.59
10	000702	正虹科技	岳阳市	农副食品加工业	11.24

资料来源：国泰安数据库。

（四）技术创新情况

如图 3-14 所示，2023 年洞庭湖地区上市公司专利申请数量为

257 件，与长株潭地区上市公司专利申请数量存在显著差距。从地市州分布情况来看，益阳上市公司专利申请数量最高，总数为 128 件；岳阳次之，总数为 83 件；常德最低，仅有 46 件。从演进趋势来看，2018~2023 年洞庭湖地区上市公司专利申请数量呈现较为明显的下降趋势，其中益阳的下降趋势最为明显，总数由 2018 年的 275 件下降至 2023 年的 128 件；岳阳呈现先升后降再升的发展态势，但总体趋势是增加的，由 2018 年的 49 件增加至 2023 年的 83 件。

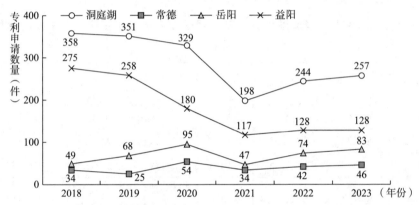

图 3-14　2018~2023 年洞庭湖地区上市公司专利申请数量变化趋势

资料来源：笔者根据国泰安数据库整理得到。

从单个企业情况来看，2023 年洞庭湖地区上市公司专利申请数量排名第一的公司为益阳市的奥士康，总数为 55 件，与长株潭地区排名第一的 740 件相比，存在显著差距。从地区分布情况来看，洞庭湖地区专利申请数量排名前 10 的上市公司中岳阳市有 5 家，益阳市有 4 家，常德市仅有 1 家，且主要分布在传统制造业领域（见表 3-12）。

表 3-12　2023 年洞庭湖地区上市公司专利申请数量排名前 10 公司

单位：件

排名	股票代码	公司简称	城市	行业名称	专利申请数量
1	002913	奥士康	益阳市	计算机、通信和其他电子设备制造业	55

排名	股票代码	公司简称	城市	行业名称	专利申请数量
2	603989	艾华集团	益阳市	计算机、通信和其他电子设备制造业	46
3	300035	中科电气	岳阳市	电气机械及器材制造业	37
4	600963	岳阳林纸	岳阳市	造纸及纸制品业	22
5	300123	亚光科技	益阳市	铁路、船舶、航空航天和其他运输设备制造业	14
6	002549	凯美特气	岳阳市	生态保护和环境治理业	6
7	600127	金健米业	常德市	农副食品加工业	4
8	603959	百利科技	岳阳市	土木工程建筑业	4
9	000819	岳阳兴长	岳阳市	石油加工、炼焦及核燃料加工业	4
10	002661	克明食品	益阳市	食品制造业	2

资料来源：国泰安数据库。

（五）创新产出情况

从全员劳动生产率来看，如图 3-15 所示，2023 年洞庭湖地区 20 家上市公司的全员劳动生产率平均水平为 250.17 万元/人，高于湖南省均值 181.64 万元/人。上市公司全员劳动生产率水平最高的岳阳为 316.24 万元/人；常德次之，均值为 255.13 万元/人；益阳最低，均值为 209.57 万元/人。从演进趋势来看，洞庭湖地区上市公司的全员劳动生产率呈现较为显著的增长趋势，特别是 2021 年后增长趋势更为显著。

如表 3-13 所示，从单个企业情况来看，2023 年洞庭湖地区上市公司全员劳动生产率最高的企业为金健米业，全员劳动生产率为 6749.55 万元/人，其次是道道全公司，它们都为农副食品加工业企业。从地区分布情况来看，2023 年洞庭湖地区全员劳动生产率较高的上市公司主要分布在岳阳市，常德仅有 2 家企业上榜，益阳仅有 1

家企业上榜。

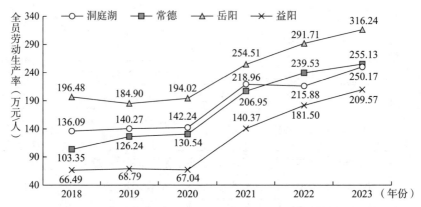

图 3-15　2018~2023 年洞庭湖地区上市公司全员劳动生产率变化趋势

资料来源：笔者根据国泰安数据库整理得到。

表 3-13　2023 年洞庭湖地区上市公司全员劳动生产率排名前 10 公司

单位：万元/人

排名	股票代码	公司简称	城市	行业名称	全员劳动生产率
1	600127	金健米业	常德市	农副食品加工业	6749.55
2	002852	道道全	岳阳市	农副食品加工业	1991.03
3	000908	景峰医药	常德市	医药制造业	1827.52
4	002661	克明食品	益阳市	食品制造业	1277.30
5	300035	中科电气	岳阳市	电气机械及器材制造业	1228.21
6	000702	正虹科技	岳阳市	农副食品加工业	967.58
7	000622	恒立实业	岳阳市	专用设备制造业	912.15
8	603959	百利科技	岳阳市	土木工程建筑业	721.94
9	002549	凯美特气	岳阳市	生态保护和环境治理业	476.04
10	000819	岳阳兴长	岳阳市	石油加工、炼焦及核燃料加工业	462.92

资料来源：国泰安数据库。

从营业利润率来看，如图 3-16 所示，2023 年洞庭湖地区 20 家上市公司的营业利润率平均水平为 4.34%，低于湖南省均值 8.58%。

其中，益阳上市公司的营业利润率水平最高，均值为 8.36%；常德次之，均值为 3.31%；岳阳最低，均值为 1.84%。从演进趋势来看，洞庭湖地区上市公司的营业利润率呈较为明显的下降趋势，由 2018 年的 12.34% 下降至 2023 年的 4.34%，益阳由 2018 年的 16.07% 下降至 2023 年的 8.36%，下降幅度接近 8 个百分点。

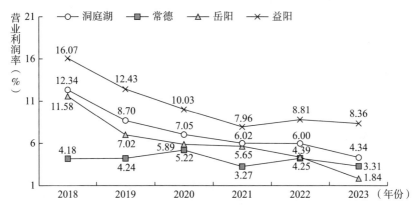

图 3-16　2018~2023 年洞庭湖地区上市公司营业利润率变化趋势

资料来源：笔者根据国泰安数据库整理得到。

如表 3-14 所示，从单个企业情况来看，2023 年洞庭湖地区上市公司营业利润率最高的企业为凯美特气，营业利润率达到 21.94%；其次是汉森制药，营业利润率为 20.61%。从地区分布情况来看，2023 年洞庭湖地区营业利润率排名前 10 的上市公司中岳阳有 3 家企业上榜，益阳有 5 家企业上榜，常德有 2 家企业上榜。

表 3-14　2023 年洞庭湖地区上市公司营业利润率排名前 10 公司

单位：%

排名	股票代码	公司简称	城市	行业名称	营业利润率
1	002549	凯美特气	岳阳市	生态保护和环境治理业	21.94
2	002412	汉森制药	益阳市	医药制造业	20.61
3	603989	艾华集团	益阳市	计算机、通信和其他电子设备制造业	14.75

续表

排名	股票代码	公司简称	城市	行业名称	营业利润率
4	002943	宇晶股份	益阳市	通用设备制造业	14.63
5	603939	益丰药房	常德市	零售业	9.48
6	002913	奥士康	益阳市	计算机、通信和其他电子设备制造业	7.79
7	600963	岳阳林纸	岳阳市	造纸及纸制品业	7.52
8	300035	中科电气	岳阳市	电气机械及器材制造业	6.88
9	002661	克明食品	益阳市	食品制造业	3.90
10	002982	湘佳股份	常德市	畜牧业	3.27

资料来源：国泰安数据库。

三　湘南地区

湘南地区包括衡阳、郴州、永州三市，该地区以国家承接产业转移示范区建设为依托，突出开放发展，重点培育稀贵金属冶炼及加工、盐化工、汽车及零部件、酒油果蔬加工四大产业集群，具有对接粤港澳大湾区建设的区域优势。2023 年，湘南地区全年实现地区生产总值 9797.28 亿元，人均地区生产总值为 70499 元，全体居民人均可支配收入为 32929 元（数据来源于各地市州统计公报）。截至 2023 年底，湘南地区共有上市公司 10 家，其中制造业上市公司为 8 家，电力、热力、燃气及水生产和供应业上市公司为 2 家。其中有创新数据的上市公司数量为 9 家，占比 90%。

（一）创新发展综合评价

如图 3-17 所示，2023 年湘南地区创新发展综合指数平均水平为 81.48 分，高于湖南省平均水平 79.14 分。其中，衡阳上市公司的创新发展综合指数最高，均值达到 82.86 分；永州次之，均值为

80.74 分；郴州最低，均值为 80.13 分。从演进趋势来看，湘南地区上市公司创新发展综合指数具有波动性，特别是永州和郴州的上市公司创新发展综合指数均值分别在 2019 年和 2021 年低至 75 分左右，其他年份又回归至 80 分左右。

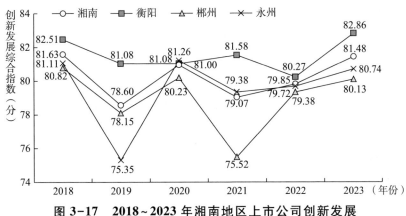

图 3-17 2018～2023 年湘南地区上市公司创新发展
综合指数变化趋势

资料来源：笔者根据国泰安数据库整理得到。

如表 3-15 所示，2023 年湘南地区上市公司创新发展综合指数最高的公司为衡阳的达志科技，创新发展综合指数达到 83.34 分，排名第二的是衡阳的湖南天雁，创新发展综合指数为 83.28 分。另外，高斯贝尔、科力远以及湘油泵的创新发展综合指数也达到 80 分以上。

表 3-15 2023 年湘南地区上市公司创新发展综合指数排名前 5 公司

单位：分

排名	股票代码	公司简称	城市	行业名称	创新发展综合指数
1	300530	达志科技	衡阳市	化学原料及化学制品制造业	83.34
2	600698	湖南天雁	衡阳市	汽车制造业	83.28
3	002848	高斯贝尔	郴州市	计算机、通信和其他电子设备制造业	81.14

续表

排名	股票代码	公司简称	城市	行业名称	创新发展综合指数
4	600478	科力远	郴州市	电气机械及器材制造业	80.89
5	603319	湘油泵	衡阳市	汽车制造业	80.55

资料来源：国泰安数据库。

（二）创新环境评价

如图 3-18 所示，2023 年湘南地区 9 家上市公司获得的政府补助平均水平为 1087.61 万元，低于湖南省均值 5017.23 万元。其中，郴州上市公司获得政府补助最高，均值达到 1594.51 万元；永州次之，均值为 903.28 万元；衡阳最低，均值为 799.60 万元。从演进趋势来看，各地市州上市公司获得政府补助平均水平存在较大波动性。郴州上市公司在 2019 年获得的政府补助金额达到峰值 2986.40 万元，衡阳在 2021 年均值达到峰值 3172.84 万元。

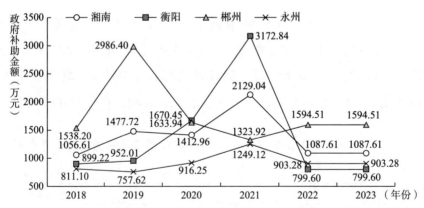

图 3-18　2018~2023 年湘南地区上市公司获得政府补助变化趋势

资料来源：笔者根据国泰安数据库整理得到。

如表 3-16 所示，2023 年湘南地区上市公司获得政府补助金额最高的是郴州的科力远，获得政府补助高达 3807.28 万元，排名第二的郴电国际获得政府补助 3317.25 万元。从行业分布来看，获得政府补助较高的上市公司集中在传统制造业领域。

表 3-16　2023 年湘南地区上市公司获得政府补助排名前 5 公司

单位：万元

排名	股票代码	公司简称	城市	行业名称	政府补助金额
1	600478	科力远	郴州市	电气机械及器材制造业	3807.28
2	600969	郴电国际	郴州市	电力、热力生产和供应业	3317.25
3	603319	湘油泵	衡阳市	汽车制造业	1249.27
4	300530	达志科技	衡阳市	化学原料及化学制品制造业	789.46
5	002716	金贵银业	郴州市	有色金属冶炼及压延加工业	758.96

资料来源：国泰安数据库。

如图 3-19 所示，湘南地区上市公司参与产学研创新联盟情况与洞庭湖地区类似，均较少，2023 年湘南地区仅有 13 个产学研创新联盟，衡阳和郴州两地上市公司各占一半左右，永州仅有 1 个产学研创新联盟。

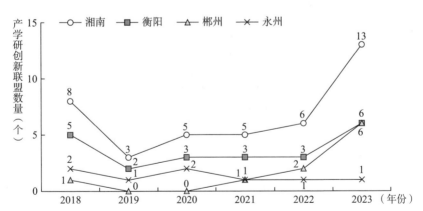

图 3-19　2018~2023 年湘南地区上市公司参与产学研
创新联盟数量变化趋势

资料来源：笔者根据国泰安数据库整理得到。

（三）创新投入情况

从研发投入强度来看，如图 3-20 所示，2023 年湘南地区 9 家上市公司的研发投入强度平均水平为 6.35%，高于湖南省均值 5.23%。其中衡阳上市公司的研发投入强度最高，均值为 10.35%；永州次之，均值为 4.55%；郴州最低，均值为 2.22%。从演进趋势来看，湘南地区研发投入强度整体呈现上升趋势，在 2021 年上扬后，在 2022 年、2023 年又回归至较低水平。如表 3-17 所示，2023 年湘南地区上市公司研发投入强度最高的上市公司为衡阳的达志科技，研发投入强度为 15.92%，但与长株潭地区、洞庭湖地区研发投入强度排名靠前的上市公司之间还存在较大差距。

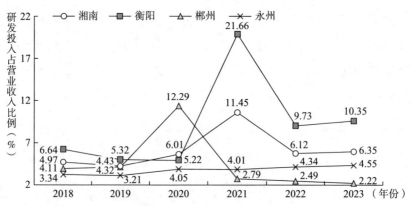

图 3-20　2018～2023 年湘南地区上市公司研发投入
占营业收入比例变化趋势

资料来源：笔者根据国泰安数据库整理得到。

表 3-17　2023 年湘南地区上市公司研发投入强度排名前 5 公司

单位：%

排名	股票代码	公司简称	城市	行业名称	研发投入强度
1	300530	达志科技	衡阳市	化学原料及化学制品制造业	15.92
2	600698	湖南天雁	衡阳市	汽车制造业	12.00

续表

排名	股票代码	公司简称	城市	行业名称	研发投入强度
3	002848	高斯贝尔	郴州市	计算机、通信和其他电子设备制造业	7.30
4	603319	湘油泵	衡阳市	汽车制造业	7.24
5	002892	科力尔	永州市	电气机械及器材制造业	5.40

资料来源：国泰安数据库。

　　从研发人员投入来看，如图 3-21 所示，2023 年湘南地区 9 家上市公司的研发人员投入平均水平为 13.79%，低于湖南省均值 15.28%，其中衡阳占比最高，均值为 16.77%；其次是永州和郴州，占比分别为 11.56% 和 11.31%。从演进趋势来看，湘南地区上市公司的研发人员数量占比呈上升趋势，其中郴州的研发人员数量占比呈下降趋势，且下降幅度比较大，均值由 2018 年的 24.30% 下降至 2023 年的 11.31%。如表 3-18 所示，2023 年湘南地区上市公司研发人员数量占比排名第一的公司为衡阳的达志科技，研发人员数量占比达到 37.74%，为一家典型的高科技企业；其次是金贵银业，研发人员数量占比达到 27.27%。

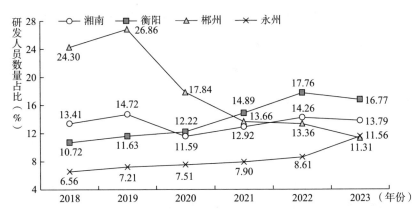

图 3-21　2018～2023 年湘南地区研发人员数量占比变化趋势

资料来源：笔者根据国泰安数据库整理得到。

表 3-18　2023 年湘南地区上市公司研发人员数量占比排名前 5 公司

单位：%

排名	股票代码	公司简称	城市	行业名称	研发人员数量占比
1	300530	达志科技	衡阳市	化学原料及化学制品制造业	37.74
2	002716	金贵银业	郴州市	有色金属冶炼及压延加工业	27.27
3	600698	湖南天雁	衡阳市	汽车制造业	16.00
4	002848	高斯贝尔	郴州市	计算机、通信和其他电子设备制造业	12.40
5	603319	湘油泵	衡阳市	汽车制造业	11.80

资料来源：国泰安数据库。

（四）技术创新情况

如图 3-22 所示，2023 年湘南地区上市公司专利申请数量为 80 件，其中 69 件为衡阳上市公司申请，其他两市仅贡献了个位数的专利申请数量。从演进趋势来看，湘南地区专利申请数量总体上呈现下降趋势，总数在 2020 年上升至 191 件后，腰斩式下降至 2021 年的

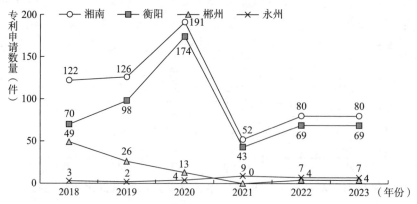

图 3-22　2018~2023 年湘南地区上市公司专利申请数量变化趋势

资料来源：笔者根据国泰安数据库整理得到。

52 件。如表 3-19 所示，2023 年湘南地区上市公司专利申请数量最
多的公司为达志科技，专利申请量为 48 件；其次是湘油泵，专利申
请量为 21 件。

表 3-19　2023 年湘南地区上市公司专利申请数量排名前 5 公司

单位：件

排名	股票代码	公司简称	城市	行业名称	专利申请数量
1	300530	达志科技	衡阳市	化学原料及化学制品制造业	48
2	603319	湘油泵	衡阳市	汽车制造业	21
3	002892	科力尔	永州市	电气机械及器材制造业	5
4	002716	金贵银业	郴州市	有色金属冶炼及压延加工业	2
5	002848	高斯贝尔	郴州市	计算机、通信和其他电子设备制造业	2

资料来源：国泰安数据库。

（五）创新产出情况

从全员劳动生产率来看，如图 3-23 所示，2023 年湘南地区 9 家
上市公司的全员劳动生产率平均水平为 185.09 万元/人，高于湖南
省均值水平，与长株潭和洞庭湖地区相比也存在较大差距。其中，
永州上市公司的全员劳动生产率水平最高，均值为 196.52 万元/人；
其次为衡阳，均值为 171.36 万元/人。从演进趋势来看，湘南地区
全员劳动生产率总体呈上升趋势，但波动较大，特别是 2020 年各地
市州上市公司的全员劳动生产率水平下降明显。如表 3-20 所示，
2023 年湘南地区上市公司全员劳动生产率最高的公司为达志科技，
全员劳动生产率达到 5324.00 万元/人；其次是金贵银业，全员劳动
生产率为 934.91 万元/人。

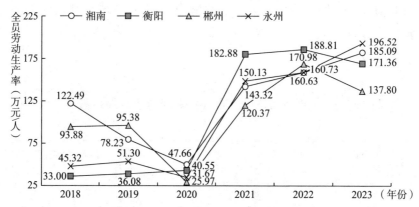

图3-23   2018~2023年湘南地区上市公司全员劳动生产率变化趋势

资料来源：笔者根据国泰安数据库整理得到。

表3-20   2023年湘南地区上市公司全员劳动生产率排名前5公司

单位：万元/人

排名	股票代码	公司简称	城市	行业名称	全员劳动生产率
1	300530	达志科技	衡阳市	化学原料及化学制品制造业	5324.00
2	002716	金贵银业	郴州市	有色金属冶炼及压延加工业	934.91
3	600698	湖南天雁	衡阳市	汽车制造业	262.38
4	002892	科力尔	永州市	电气机械及器材制造业	196.58
5	600969	郴电国际	郴州市	电力、热力生产和供应业	183.21

资料来源：国泰安数据库。

从营业利润率来看，如图3-24所示，2023年湘南地区9家上市公司的营业利润率平均水平为3.53%，低于湖南省均值8.58%，与长株潭和洞庭湖地区存在较大差距。其中，永州上市公司的营业利润率最高，均值为6.93%；衡阳次之，均值为4.48%；郴州最低，均值为0。从演进趋势来看，湘南地区上市公司的营业利润率呈先上升后下降的趋势，在2020年达到6.43%的峰值水平后，逐步下降至3.53%的水平。如表3-21所示，2023年湘南地区上市公司营业利润率最高的公司为湘油泵，营业利润率达到 11.08%，但是与长株潭、洞庭湖地区的上榜上市公司相比，还存在较大差距。

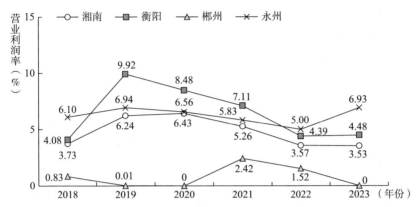

图 3-24　2018~2023 年湘南地区上市公司营业利润率变化趋势

资料来源：笔者根据国泰安数据库整理得到。

表 3-21　2023 年湘南地区上市公司营业利润率排名前 5 公司

单位：%

排名	股票代码	公司简称	城市	行业名称	营业利润率
1	603319	湘油泵	衡阳市	汽车制造业	11.08
2	600478	科力远	郴州市	电气机械及器材制造业	6.77
3	002892	科力尔	永州市	电气机械及器材制造业	6.66
4	000590	启迪药业	衡阳市	医药制造业	6.47
5	600969	郴电国际	郴州市	电力、热力生产和供应业	4.55

资料来源：国泰安数据库。

四　湘西地区

湘西地区以张家界市、湘西自治州、怀化市、邵阳市四市州为主体。该地区结合武陵山片区区域发展与脱贫攻坚规划，突出加快发展，重点培育薄板及加工、锰深加工、旅游商品加工、中药材精深加工、农副食品精深加工五大产业集群。2023 年，湘西地区全年实现地区生产总值 8110.23 亿元，人均地区生产总值为 53249 元，全体居民人均可支配收入为 24050 元（数据来源于各地市州统计公报）。截至 2023 年底，湘西地区共有上市公司 5 家，其中有创新数据的上市公司为 4 家，占比 80%。

（一）创新发展综合评价

如表 3-22 所示，2023 年湘西地区 4 家上市公司创新发展综合指数平均水平为 76.84 分，低于湖南省平均水平 79.14 分。其中，最高的是酒鬼酒，其创新发展综合指数为 81.93 分；其次是邵阳液压，其创新发展综合指数为 81.38 分；排最后的是德众汽车，其创新发展综合指数为 62.72 分。

表 3-22　2023 年湘西地区上市公司创新发展综合指数排名情况

单位：分

排名	股票代码	公司简称	城市	行业名称	创新发展综合指数
1	000799	酒鬼酒	湘西土家族苗族自治州	酒、饮料和精制茶制造业	81.93
2	301079	邵阳液压	邵阳市	通用设备制造业	81.38
3	301118	恒光股份	怀化市	化学原料及化学制品制造业	81.31
4	838030	德众汽车	怀化市	零售业	62.72

资料来源：国泰安数据库。

（二）创新环境评价

如图 3-25 所示，湘西地区 4 家上市公司获得政府补助的平均值呈显著上升趋势，其均值水平由 2018 年的 181.53 万元上升至 2023 年的 968.45 万元，但与湖南省其他地区相比，湘西地区政府对上市公司创新发展的支持力度非常有限。另外，如表 3-23 所示，从单个企业情况来看，2023 年酒鬼酒是获得政府补助金额最高的企业，补助金额为 1705.79 万元；其次是恒光股份，政府补助金额为 801.03 万元；最低的是邵阳液压，获得了 636.96 万元的政府补助。

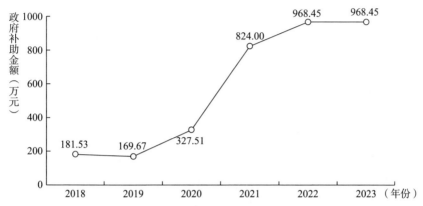

图 3-25　2018～2023 年湘西地区上市公司获得政府补助变化趋势

资料来源：笔者根据国泰安数据库整理得到。

表 3-23　2023 年湘西地区上市公司获得政府补助情况

单位：万元

排名	股票代码	公司简称	城市	行业名称	政府补助金额
1	000799	酒鬼酒	湘西土家族苗族自治州	酒、饮料和精制茶制造业	1705.79
2	301118	恒光股份	怀化市	化学原料及化学制品制造业	801.03
3	838030	德众汽车	怀化市	零售业	730.02
4	301079	邵阳液压	邵阳市	通用设备制造业	636.96

资料来源：国泰安数据库。

（三）创新投入情况

从研发投入强度来看，如图 3-26 所示，2018～2023 年湘西地区 4 家上市公司的研发投入强度呈现较为明显的上升趋势，由 0.30%

上升至 2.95%，但与湖南省其他地区相比还存在较大差距。其中，2023 年研发投入强度最高的上市公司为邵阳液压，研发投入强度为 5.96%；其次是恒光股份，研发投入强度为 3.68%（见表 3-24）。

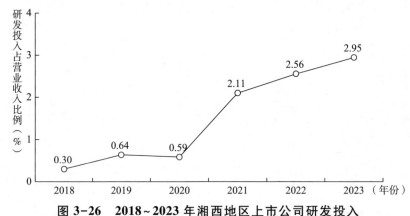

图 3-26　2018~2023 年湘西地区上市公司研发投入
占营业收入比例变化趋势

资料来源：笔者根据国泰安数据库整理得到。

表 3-24　2023 年湘西地区上市公司研发投入强度排名情况

单位：%

排名	股票代码	公司简称	城市	行业名称	研发投入强度
1	301079	邵阳液压	邵阳市	通用设备制造业	5.96
2	301118	恒光股份	怀化市	化学原料及化学制品制造业	3.68
3	000799	酒鬼酒	湘西土家族苗族自治州	酒、饮料和精制茶制造业	0.41
4	838030	德众汽车	怀化市	零售业	0.19

资料来源：国泰安数据库。

从研发人员投入来看，如图 3-27 所示，2018~2023 年湘西地区 4 家上市公司的研发人员数量占比均值呈较为明显的上升趋势，均值由 3.97% 上升至 12.38%。其中，邵阳液压是研发人员数量占比最高的上市公司，占比为 24.71%；恒光股份排名第二，占比为 16.24%

（见表 3-25）。

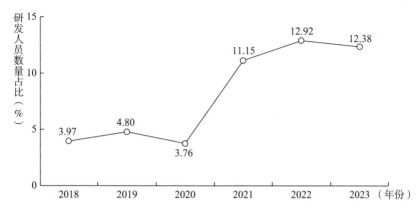

图 3-27　2018～2023 年湘西地区上市公司研发人员数量占比变化趋势

资料来源：笔者根据国泰安数据库整理得到。

表 3-25　2023 年湘西地区上市公司研发人员数量占比情况

单位：%

排名	股票代码	公司简称	城市	行业名称	研发人员数量占比
1	301079	邵阳液压	邵阳市	通用设备制造业	24.71
2	301118	恒光股份	怀化市	化学原料及化学制品制造业	16.24
3	000799	酒鬼酒	湘西土家族苗族自治州	酒、饮料和精制茶制造业	5.98
4	838030	德众汽车	怀化市	零售业	4.75

资料来源：国泰安数据库。

（四）技术创新情况

如图 3-28 所示，2018～2023 年湘西地区 4 家上市公司专利申请数量比较少，2023 年 4 家公司合计申请专利 62 件，但总体上呈现较为明显的上升趋势。其中，2023 年专利申请数量最多的公司为酒鬼酒，申请量为 44 件（见表 3-26），占全部数量的 70.97%。

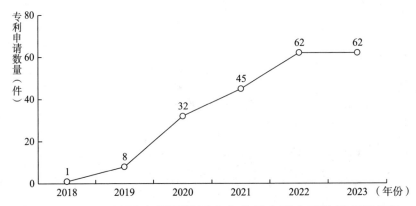

图 3-28　2018~2023 年湘西地区上市公司专利申请数量变化趋势

资料来源：笔者根据国泰安数据库整理得到。

表 3-26　2023 年湘西地区上市公司专利申请数量情况

单位：件

排名	股票代码	公司简称	城市	行业名称	专利申请数量
1	000799	酒鬼酒	湘西土家族苗族自治州	酒、饮料和精制茶制造业	44
2	301079	邵阳液压	邵阳市	通用设备制造业	17
3	301118	恒光股份	怀化市	化学原料及化学制品制造业	1
4	838030	德众汽车	怀化市	零售业	0

资料来源：国泰安数据库。

（五）创新产出情况

从全员劳动生产率来看，如图 3-29 所示，2018~2023 年湘西地区 4 家上市公司的全员劳动生产率呈现上升趋势，但存在一定波动，2021 年均值水平达到峰值后，2022 年和 2023 年表现出下降趋势。其中，2023 年全员劳动生产率最高的上市公司为恒光股份，其全员劳动生产率为 257.77 万元/人（见表 3-27），但与湖南省其他地区上市公司的全员劳动生产率相比，差距非常大。

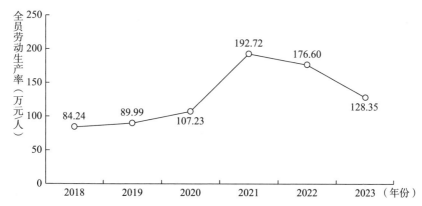

图 3-29　2018～2023 年湘西地区上市公司全员劳动生产率变化趋势

资料来源：笔者根据国泰安数据库整理得到。

表 3-27　2023 年湘西地区上市公司全员劳动生产率排名情况

单位：万元/人

排名	股票代码	公司简称	城市	行业名称	全员劳动生产率
1	301118	恒光股份	怀化市	化学原料及化学制品制造业	257.77
2	000799	酒鬼酒	湘西土家族苗族自治州	酒、饮料和精制茶制造业	206.97
3	838030	德众汽车	怀化市	零售业	191.36
4	301079	邵阳液压	邵阳市	通用设备制造业	50.31

资料来源：国泰安数据库。

从营业利润率来看，如图 3-30 所示，2018～2023 年湘西地区 4 家上市公司的营业利润率下降得非常明显，均值水平由 24.83% 下降至 6.81%，下降幅度较大。从单个企业情况来看，2023 年酒鬼酒成为营业利润率最高的上市公司，营业利润率达到 35.09%；其次为恒光股份，营业利润率为 20.67%；最低的是德众汽车，营业利润率仅为 0.84%（见表 3-28）。

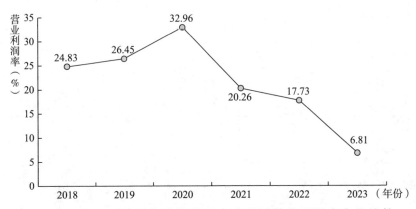

图 3-30　2018~2023 年湘西地区上市公司营业利润率变化趋势

资料来源：笔者根据国泰安数据库整理得到。

表 3-28　2023 年湘西地区上市公司营业利润率排名情况

单位：%

排名	股票代码	公司简称	城市	行业名称	营业利润率
1	000799	酒鬼酒	湘西土家族苗族自治州	酒、饮料和精制茶制造业	35.09
2	301118	恒光股份	怀化市	化学原料及化学制品制造业	20.67
3	301079	邵阳液压	邵阳市	通用设备制造业	14.32
4	838030	德众汽车	怀化市	零售业	0.84

资料来源：国泰安数据库。

五　本章小结

综上所述，一方面，湖南省分地区上市公司创新水平存在显著差异，长株潭地区科技创新能力始终显著优于洞庭湖、湘南和湘西三大地区。从全省角度来看，湖南具有丰富的创新资源和雄厚的创新基础，但是资源在各地市州间、各大经济板块间的分布不平衡，其中长株潭地区的辐射范围广，集聚了全省 60% 以上的创新平台、

70%以上的高新技术企业、80%以上的高校科研机构、85%以上的科研成果，而其他地区项目资金、创新平台、高校院所、高端人才等创新资源相对匮乏，且区域差距越来越大。另一方面，湖南省各地区内部不同地市州创新水平存在显著差异。就长株潭地区而言，长沙、株洲和湘潭三市由于发展阶段的不同以及协调机制的低效，城市之间创新水平不均衡，制约了其一体化发展。而洞庭湖地区尽管背靠长株潭地区，但没有充分利用地理优势来改善其内部发展状况，且省域副中心城市岳阳的辐射能力也弱于衡阳，对区域的协调引导作用较弱，地区内城市在创新能力、创新环境、技术创新、创新产出等方面呈现不平衡状态。湘南地区的创新能力位于省内中上水平，省域副中心城市衡阳持续带动区域发展，区域内城市创新能力的不平衡程度相对较低。湘西地区充分利用区位优势，贯彻创新发展理念，其中邵阳市和湘西自治州的创新水平较为均衡，而怀化市则掉队比较严重。

党的十八大以来，我国稳步推进共同富裕，实施区域协调发展战略，"区域协调发展是实现共同富裕的必然要求"。党的二十大报告提出了新征程上进一步推进区域协调发展的战略部署，强调深入实施区域协调发展战略，优化重大生产力布局，构建优势互补、高质量发展的区域经济布局和国土空间体系。创新是第一动力，随着创新驱动发展战略的深入实施，科技创新逐渐成为区域协调发展的重要引擎。湖南省未来应在以下方面着手培育上市公司发展动能。一是积极融入中部崛起战略，进一步贯彻落实长株潭一体化发展战略，发挥核心增长极优势，对内优势互补、对外抱团，实现产业差异化、融合化发展。洞庭湖、湘南和湘西三大地区也应该充分发掘自身资源禀赋和优势条件，积极探索符合自身特点的创新发展模式，在项目经费、人才引进、技术创新、绩效产出等方面提高自身科技创新水平和竞争力。二是积极探索构建内部不平衡发展的治理体系，以县域经济高质量发展破解区域发展不平衡不充分问题，弥补不平衡发展的不足，加强区域协同和联动，形成多层次、多梯级的城市增长极齐头并进的发展态势。三是积极探索合作共赢的协调创新发展体系，长株潭地区需要充分发挥其核心增长极作用，充分利用其辐射效应带动其他三大地区创新发展。四是以优势产业发展推动比较优势向竞争优势转化，统筹优化创新资源配置，以产业发展为主要抓手，打造具有竞争力的特色产业链和供应链，推进区域产业集聚、协同发展、创新发展。

第四章　数字化对湖南省上市公司创新发展的影响研究[*]

引　言

随着人工智能、云计算、区块链、大数据等技术不断涌现，数字化正成为全球企业创新变革的重要突破点。企业数字化转型是产业数字化的重要内容，在目前的技术发展浪潮中，数字化转型是企业搭上技术快车、顺应数字经济发展趋势的重要战略选择。以云计算、区块链等数字技术为依托的企业数字化转型，已逐步在各产业领域展开，成为推动经济高质量发展的重要手段。企业数字化转型在改变传统商业模式的同时，与实体经济深度融合，形成新的生产方式、生产关系、组织模式、产业形态。我国正经历百年未有之大变局的考验，企业发展环境异常艰难，各种风险挑战不期而至，在内需不足的情况下，出口也略显乏力。特别是近3年，在新冠疫情的防控过程中，企业可持续经营成为第一要务，数字技术也在这一阶段脱颖而出，其在不确定性环境中，助力企业稳中求进、提质增效。

一般而言，传统制造业是制造业中的主体，由于其规模大、资源雄厚，也是数字化转型的主力军。如今，很多其他类型的企业加

＊　本章为湖南省教育厅青年项目（项目编号：22B0488）、湖南省社会科学成果评审委员会项目（项目编号：XSP22YBC078）的阶段性成果。本章作者为成名婵（湖南科技大学湖南创新发展研究院讲师）。

快了数字化转型的步伐。我国部分企业围绕数字化转型展开积极探索，均取得了不俗的成绩。可见，数字化转型作为企业创新发展的必由之路，由此带来的一系列经济后果正逐渐成为政学企三界共同关注的热点，而创新是其中的重要一环。

创新驱动发展作为"十三五"以来五大发展理念之首，在我国经济社会发展全局中占有举足轻重的地位。当今全球局势不稳定、难预测，唯有依靠创新，企业才能保持持久的竞争力。我国在创新方面锐意进取，《2023年国民经济和社会发展统计公报》显示，我国共投入33278亿元用于研究，占GDP的比重为2.63%（国家统计局，2024）。数据可以洞见趋势，我国创新的动力与能力正逐步增强。当前，我国经济正进入调结构、稳增长的阶段，创新是提高生产力的关键，是我国经济高质量发展的要求。我国要想实现可持续的供给改善，从而满足消费的更新与升级，达到扩大内需、实现经济体内循环的目标，创新是必不可少的。企业始终是创新发展的重要主体，创新越来越成为企业突破各种障碍，强化国家战略力量、提升综合国力的重要法宝。而在数字时代下的创新，具有更强的扩散性，不受空间的限制（孙早、徐远华，2018），使得创新成果对经济产生放大、叠加、倍增的作用。

总之，数字经济是企业面临的新一轮产业变革与挑战，企业加快了数字化转型的步伐，融入数字经济体系，享受技术红利。然而，数字化转型是否能帮助企业在短期内消除创新障碍、增加创新产出，并改变传统的创新模式呢？当前湖南省不同行业的数字化转型程度有什么不同？企业数字化转型对创新的影响成为一项值得研究的议题。本章通过实证分析数字化转型对企业创新发展的影响，并对这些问题进行回答。本章从拆解企业创新的变量出发，厘清企业数字化转型是否能显著促进企业创新发展，有利于进一步了解企业数字化转型与创新的关系，坚定企业数字化转型的信心。本章主要从经济学视角分析企业数字化转型对创新的影响，也间接地体现了数据作为新生产要素具有的重要意义。

一　文献综述

（一）企业数字化水平与数字化转型

近年来，随着中国深入实施数字经济发展战略，数字技术蓬勃发展，学术界普遍认为其是一种基于数字变革的新兴经济形态。对经济高质量发展主体而言，数字化在企业获取未来竞争优势方面具有重要意义。在探讨企业数字化转型之前，首先要考虑什么是数字化。西方国家对数字化的表达主要有两种方式，一种为"Digitization"，另一种为"Digitalization"。Brennen 和 Kreiss（2016）对"Digitization"和"Digitalization"进行详细的定义，将"Digitization"定义为将模拟信息流转换为数字比特（计算机的最小信息单位）的物质过程，将"Digitalization"称为社会生活的许多领域围绕数字通信和媒体基础设施进行重组的方式。Sommarberg 和 Mäkinen（2019）将数字化定义为通过使用数字化技术给企业创造价值。秦荣生（2020）认为数字化是将信息变成计算机可以计算识别的数据，进而对数据进行分析和处理的能力。Szalavetz（2022）认为数字化是使用数字技术执行、控制和改善共同构成价值链的有形和无形活动、创造智能产品和服务与改变商业模式，其中数字技术包括人工智能技术、大数据技术、云技术、物联网和机器人技术。从我国的数字化发展历程中可以看出，信息技术是数字化发展的内核，因此从技术角度理解数字化发展成为现阶段研究的一个共识。

在企业数字化领域，已经有许多学者对企业数字化概念的界定进行了研究。戚聿东和蔡呈伟（2020）认为企业数字化是企业的一种战略，最终目的是通过引进数字技术，改进企业内部生产管理等方面，实现企业价值与利润的提升。刘政等（2020）提出企业数字化是企业数字技术的应用过程，而数字技术应用的核心是增强企业的信息收集能力、数据处理能力以及决策能力。企业数字化是数字技术的应用这一观点被多数学者采纳（罗进辉、巫奕龙，2021；楼润平等，2022），他们将数字技术进一步细分为硬件技术、软件技术和网络技术，并认为企业数字化是企业业务整合、效率提升和价值创造的过程。王晓红等（2023）认为企业数字化水平是指企业利用数字技术的程度，表现在企业结构和经营模式等方面。综合已有研究对数字化和企业数字化概念的界定可知，企业数字化实为业态信息的数字化，并将其与基础设备、人力资源运转、营销信息流动、企业战略进行融合，将数据作为生产要素，进行合理配置，推动企业生产和创新，实现数字技术对企业的赋能，最终实现企业数字化。

当前数字技术究竟包含哪些内容，尚没有统一的测量口径与标准规范。20 世纪 40 年代后信息技术转变为对比特形式的数码信息（数据）进行转换、采集、传输、存储、运算、加工、还原的技术，因此也被称为"数字技术"。欧阳日辉（2021）在把握数字经济健康发展两个重要方向时指出，数字技术的发展离不开电子计算机的发展，是多种数字化技术的集成，具体包括区块链、大数据、云计算、人工智能、物联网等。其中，大数据技术注重数据发掘和积累，强调数据的存储能力；云计算强调数据的处理能力；区块链技术强调安全加密的分布式数据库；物联网强调物体的互联互通等。

（二）企业创新的内涵、影响因素

熊彼特提出了关于创新的理论，他将创新定义为"建立一种新的生产函数"。通俗理解为引用新的生产要素，实现对企业资源的"新组合"，如产品创新、市场创新、工艺技术创新等，并且强调当企业规模较大或多元化发展时，更能够承受研发费用的支出以及可能带来的失败产生的不利影响，而当企业获得一定的创新成效后，也需要控制市场，从而进一步支持企业发展与不断创新。可以看到，企业规模和市场垄断的力量与企业创新关系密切。之后，经济合作与发展组织（OECD）出台了《奥斯陆手册》（经济合作与发展组织，欧盟统计署编著，2011），就如何收集和度量创新提出了相关意见，即不再仅仅关注技术上的产品创新，还会收集企业有关流程上的创新，并将视角进一步延伸至非技术创新，如管理架构创新等。此后，创新的视角被极大地拓展了。

1. 影响企业创新的内部因素

企业创新的内部影响因素主要涉及高管素质、股权和治理结构、员工特征、研发投入等。关于高管素质的研究表明，对风险容忍度低的高管会抑制企业创新（Khanna and Palepu，2016）。虞义华等（2018）认为，有发明家经历的高管能有效帮助企业提高研发投入和创新产出效率。在股权结构上，冯根福等（2008）发现，股权集中度与创新之间呈现显著的"倒U"形关系，即股权集中度通过降低管理层决策成本，减少"过度监督"，并以此提升企业研发创新水平，但存在拐点。此外，股东能够在其投资组合内交换信息，减少股权融资成本，增强公司创新意愿（李世刚等，2022）。在治理结构上，Balsmeier等（2017）发现若监管方式转变，有独立董事会的公司会专注于主流的创新领域；同时，企业董事多元化对创新起着促进作用（An等，2021）。在员工特征层面上，周亚虹等（2012）的研究表明，员工培训与教育水平会影响企业研发效率，员工培训越频繁、员工教育活动支出越大的企业，其创新能力往往越强。刘善仕等（2017）的研究证实人力资本网络的完善会促进企业创新研发绩效提升，即人才是企业创新的重要影响因素。

2. 影响企业创新的外部因素

影响企业创新的外部因素主要包括企业的开放程度、企业间的合作、营商环境、市场结构、政府补助政策等。Laursen和Salter（2006）通过对英国制造业企业进行调查研究发现，对外开放程度较高的企业其创新绩效的水平通常较高，这样的结果为企业的创新提供了方向——开放。Zeng 等（2010）研究了企业间合作对企业创新绩效的影响，相比横向合作，纵向合作对企业创新绩效的影响更加显著。经济体的营商环境是企业生存和发展的"培养基土"，所有行为都受到市场环境的约束，营商环境的好坏直接影响企业创新的积极性。张龙鹏等（2016）的研究表明，当地区行政审批强度较大时，会削弱人们的创业意愿，这会抑制该地区创新潜力的激发。何凌云等（2018）就营商环境对企业研发投入强度影响的研究表明，企业研发投入强度与政府腐败行为的发生概率成反比，而与政府的工作效率成正比。在市场结构方面，行业经济性壁垒和行政性壁垒是重要的影响因素。周绍东（2008）的研究表明行政性壁垒会加大企业创新的阻力，从而降低企业创新的积极性。靳卫东等（2019）发现，市场结构、行政性壁垒会共同影响企业的创新产出，市场结构也能单独对企业创新产生影响。政府补助的增加可以促进企业创新绩效的提高，但不同的学者研究角度不同。巴曙松等（2022）的研究指出国有企业中政府补助的促进作用更加显著。王羲（2022）的研究认为加大补助力度和加强监管这两个外部因素可以增强政府补助对创新绩效的促进作用，而内部的控制和研发规划完善也可以加强政府补助对企业创新的促进作用。孙雪琦（2022）研究汽车制造业时发现政府补助不能对创新绩效起到促进作用，这意味着对汽车制造企业来说，需要完善相应的考核与激励制度以促进创新绩效提升。而黄世政等（2022）从创新治理能力的角度出发，研究发现企业创新治理能力既可以在政府补助对创新绩效的影响中发挥中介作用，也可以发挥调节作用。

（三）数字化转型与企业创新关系研究

企业数字化在数字经济蓬勃发展的今天，已然成为热门词。而随着国家经济的发展，如何解决企业创新问题成为重中之重。许多学者在企业数字化和企业创新领域进行了大量研究。已有部分学者发现了数字化转型对企业创新产生的积极影响。李珊珊等（2019）、沈国兵等（2020）以及王文娜等（2020）发现企业应用互联网能显著促进技术创新。黄节根等（2021）发现企业数字化有助于提升创新绩效。也有学者从区域创新（周青等，2020）和产品创新（池毛毛等，2022）等角度探索数字化转型对企业创新的促进作用；洪俊杰等（2022）认为企业数字化转型通过促进创新提升企业出口产品质量。在有关数字化转型对企业创新产生负面影响的研究中，戚聿东等（2020）针对我国非高新技术制造业的异质性进行研究，发现数字化可以创新企业的商业模式，但也增加了相应的费用，使得企业难以从降低交易成本、提升创新绩效中得到回馈。

　　企业数字化转型影响企业创新的机制也得到学术界颇多关注。陈剑等（2021）指出，当数字化程度提升时，企业的创新模式会从赋能向使能演进，最终培养出数字化业务。张欣等（2023）通过实证研究，提出企业数字化转型后可以更好地获得政府补助、提高市场关注度，从而促进创新。安同良等（2022）研究发现，数字化转型通过降低交易成本、引致组织管理创新，提升企业创新潜力。马君等（2022）提出，数字化转型可以通过提升企业的信息整合能力与员工的数字化认知能力来影响创新，当员工对数字化转型的认知越全面、数字化素养越高，企业的信息整合能力越强时，数字化转型才能有效促进企业创新。潘红波等（2022）基于上市公司的年报研究发现，当企业融资问题较大、风险承担能力较弱时，企业数字化能削弱融资约束、提高自身的风险承担水平，并且促进企业创新。研究发现，高新技术行业已成为数字经济主战场，这些高新技术企业实现数字化转型更能促进创新（曹正勇，2018）。王锋正等（2022）发现，地区数字经济发展水平影响资源型企业绿色创新的动力；IT业务战略规划是否与企业特性相匹配，也会影响企业 IT 使能业务与产品创新（张延林等，2020）。

　　总结已有研究对数字化对企业创新的影响发现，数字化能够减少企业与投资者之间的信息差异，削弱企业创新方面的融资约束和提高风险承担能力等，提高企业创新活力，推动企业获取未来竞争优势。

（四）文献述评

本节详细梳理了数字化基本概念，企业数字化转型、企业创新及其之间作用机制的相关文献。数字化发展已深刻影响我国经济社会发展环境，并催生了更先进的数字技术。这些数字技术的持续应用和技术创新能力的不断提升，已成为经济增长的新动力和源泉。近年来，对数字化水平的研究主要分为三个层面：国家层面的数字经济、地区和城市的数字化水平，以及微观企业的数字化发展。这一研究涵盖不同的角度和领域，例如，聚焦农业和重污染行业的数字化发展，以及交通运输等行业积极应用数字化技术产生的影响。这些研究体现了学者对数字化发展的深入理解和对其影响的全面评估。

无论是国外学者的研究还是国内学者的研究，都证实了数字化发展给行业发展、地区经济乃至国家和社会的发展带来了积极的影响。从地区和城市的发展来看，区域的数字化发展和城市的数字化发展都为地区的经济发展做出了重要贡献。从企业的发展来看，为了在激烈的市场竞争中取得成功，企业需要形成自身独特的竞争优势，即核心竞争力。而创新正是企业核心竞争力的关键来源。因此，研究企业的数字化转型如何促进企业创新以及这一过程的影响机制就显得尤为重要。

目前，国内外关于企业数字化转型与创新关系的研究相对较少。国外的研究主要集中于单独分析大数据分析技术应用对企业创新绩效产生的影响，而国内的研究侧重分析企业创新和数字化转型产生的经济效应，以及企业数字化转型决策的影响因素。此外，大多数实证研究都将全国范围内的 A 股上市公司作为样本，并且对创新的量化指标有不同的定义和测量标准。因此，学术界对数字化转型促进创新的研究结论存在一定的分歧。为弥补现有研究的不足，本章针对湖南省上市公司展开研究。通过深入探讨湖南省上市公司数字化转型的特点，并从实证的角度分析数字化转型对企业创新的影响效应。这将有助于我们更好地理解数字化转型在企业发展中的重要性，并为相关政策制定和实践提供有价值的参考。

二　研究设计

（一）数据来源

本研究选取中国 A 股上市公司作为评估对象（注：不含港澳台地区），主板、中小企业板、创业板均包含在内。考虑到创新形态与创新能力表现形式存在行业差异，本研究选取的上市公司行业包括制造业，信息传输、软件和信息技术服务业，科学研究和技术服务业。为保证数据的可得性、连续性和完整性，本研究删减了一些企业样本，判定原则如下：一是 2018～2023 年退市或暂停上市；二是 2018～2023 年借壳上市；三是 2018～2023 年发生重大资产重组；四是 2018～2023 年主营业务变更为非研究设定的行业范围；五是未公布重要指标信息从而导致关键数据缺失，例如 2018～2023 年财务报表缺失；六是 2018～2023 年因财务状况或其他状况出现异常进行了特别处理（ST）。

最终进入创新指数排名的上市公司样本有 98 家，图 4-1 和图 4-2 分别为这 98 家 A 股上市公司的行业和区域分布情况。从行业分布情况来看，企业数量占比位列前五的行业依次为专用设备制造业，医药制造业，计算机、通信和其他电子设备制造业，化学原料及化学制品制造业，电气机械及器材制造业，上述 5 个行业所包含的企业数量约占样本总量的 40%。从区域分布情况来看，企业数量位列前三的地区分别为长沙市、岳阳市和株洲市，上述 3 个城市的企业数量约占样本总量的73%。

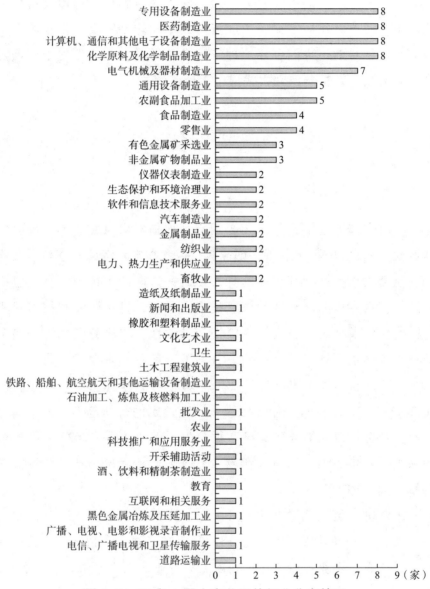

图 4-1　98 家 A 股上市公司的行业分布情况

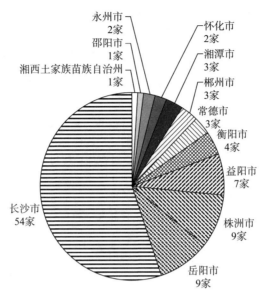

图 4-2 98 家 A 股上市公司的区域分布情况

（二）变量测量

数字化转型相关的关键词从国泰安数据库（CSMAR）数字经济子库中获取，关键词主要分为五大类：人工智能、大数据、区块链、云计算、数字技术运用（见表 4-1）。

表 4-1 数字化转型相关的关键词

类别	关键词
人工智能	生物识别技术、人脸识别、智能商业、智能数据、自然语言处理、分析图像理解、投资决策辅助系统、身份验证、智能机器人、自动驾驶、语音识别、机器学习、深度学习、语义搜索
大数据	数据挖掘、虚拟现实、数据可视化、文本挖掘、混合现实、征信、增强现实、异构数据
区块链	数字货币、智能金融合约、联盟链、智能合约、比特币、以太坊、共识算法、分布式数据库、公链、分布式计算

续表

类别	关键词
云计算	图计算、物联网、亿级并发、多方安全计算、EB级存储绿色计算、信息物理系统、融合架构类脑计算、认知计算
数字技术运用	移动互联网、移动互联、第三方支付、数字化运营、C2B、B2C、O2O、C2C、智能电网、智能穿戴、平台网络化、无人零售、智能交通、数字营销、智能医疗、线上、线下、数字化研发、智能营销、数字化与智能化、智能化转型、智能升级、智能家居、一体化平台、互联网金融、digital finance、fintech、金融科技、数字化生产、智能化信息平台、数字化信息、产业数字化平台、数字化和智慧化、资产数字化平台、数字化升级、大数据分析研判平台、电子商务

资料来源：作者根据国泰安数据库（CSMAR）数字经济子库数据整理。

三　上市公司数字化对企业创新的效应分析

（一）数字化关注

在样本的行业分布方面，本报告涉及的38个细分行业均对数字化转型有所关注，但关注程度有所不同。一些样本数量占比较大的行业对数字化转型的关注程度也较高。但一些占样本数量占比较大的行业对数字化转型的关注度相对较低，如医药制造业、化学原料及化学制品制造业企业的样本数量均位居第一，但医药制造业的企业对数字化转型的关注度仅位列第十一，而化学原料及化学制品制造业对数字化鲜有关注。相反，一些企业数量较少的行业对数字化转型的关注度却遥遥领先，如仪器仪表制造业只有两家上市公司，仅占样本总量的2.04%，但其对数字化转型的关注度位居前列。

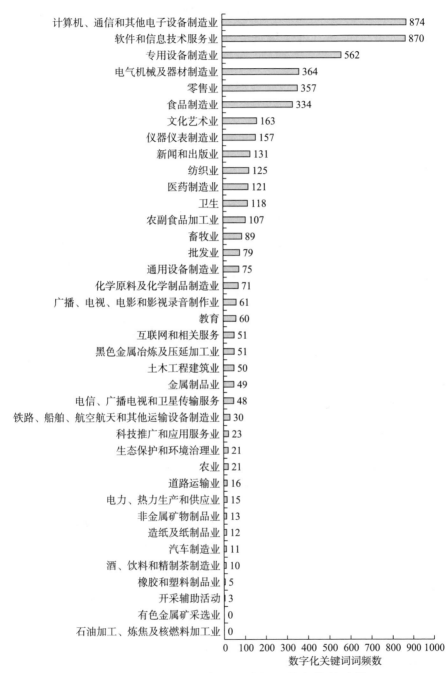

图 4-3　98 家 A 股上市公司分行业数字化关注情况

在所有样本中，上市公司关注最多的是数字技术运用，被关注次数达 2580，远超其他关键词，其次是大数据、人工智能、云计算，对区块链罕有关注（见图 4-4）。

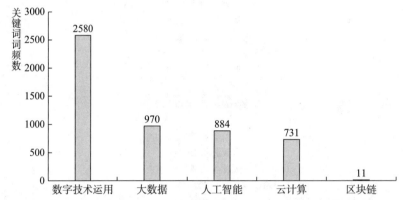

图 4-4　98 家 A 股上市公司对与数字化转型相关的五大类关键词的关注情况

首先，数字技术运用仍是上市公司最重视的领域，大数据、人工智能、云计算、区块链等技术是企业实现数字化转型的重要基石（见表 4-2）。其次，数字技术的运用在一些场景相对成熟，如智能家居、智能电网、自动驾驶、智能交通等。最后，企业非常重视 C 端互联。例如，湖南省上市公司对人工智能、大数据技术的关注度远高于云计算、区块链技术，表明数字化转型对企业的影响依旧停留在 C 端，主要依靠消费市场驱动数字化转型。

表 4-2　数字化关注 Top10 行业的五大类关键词词频分布情况

行业名称	人工智能	区块链	云计算	大数据	数字技术运用
计算机、通信和其他电子设备制造业	230	2	240	63	339
软件和信息技术服务业	180	3	141	353	193
专用设备制造业	153	0	39	70	300
电气机械及器材制造业	54	0	56	28	226

续表

行业名称	人工智能	区块链	云计算	大数据	数字技术运用
零售业	25	1	15	104	212
食品制造业	0	3	0	14	317
文化艺术业	22	0	11	46	84
仪器仪表制造业	21	0	64	25	47
新闻和出版业	19	0	11	31	70
纺织业	10	0	0	11	104

进一步地，将企业按照"信息传输、软件和信息技术服务业"与"非信息传输、软件和信息技术服务业"进行划分，检验不同类型的企业对数字化关注的水平，可以发现，前者显著高于后者（表4-3）。此外，表4-4的检验结果显示"非国有控股"企业数字化关注水平显著高于"国有控股"企业。

表4-3　样本企业分类型数字化关注（一）

企业类型	企业数量	数字化关注水平（均值）	T检验
信息传输、软件和信息技术服务业	12	27.97	差异显著（p值＝0.0000）
非信息传输、软件和信息技术服务业	86	7.32	

表4-4　样本企业分类型数字化关注（二）

企业类型	企业数量	数字化关注水平（均值）	T检验
国有控股	32	5.76	差异显著（p值＝0.0000）
非国有控股	66	12.38	

（二）企业数字化对企业创新发展的推动效应

1. 变量设定

（1）被解释变量。本章根据前文创新指标统计结果，以创新发展指数（*Innovation*）衡量企业创新水平。相较于其他研究，本研究覆盖了企业创新的各个方面。

（2）解释变量。上市公司年报不仅能够反映公司的业绩与经营状况，还能看出企业现阶段与未来的战略规划、工作重心，所以本章借鉴吴非等（2021）从上市公司年报中获取与数字化转型相关的关键词词频，并以此度量企业数字化转型的程度，此做法具有一定的可行性和科学性。数字化转型相关的关键词从国泰安数据库（CS-MAR）数字经济子库中获取，关键词主要分为五大类：人工智能、大数据、区块链、云计算、数字技术运用。

（3）控制变量。本章选取了一些可能对企业创新产生影响的指标作为控制变量，包括营业利润率（*Profit*）、资产负债率（*Lev*）、股权结构（*StH*）、政府补助（*Subsidy*）。

2. 模型构建

为检验数字化转型对企业创新发展产生的影响，构建如下的基准回归模型：

$$Innovation_{it} = \beta_0 + \beta_1 Digital_{it} + \alpha \sum Control + \gamma_i + \theta_t + \varepsilon_{it}$$

其中，$Innovation_{it}$ 是企业 i 在第 t 年的创新发展指数，$Digital_{it}$ 是企业 i 在第 t 年的数字化转型程度，$\sum Control$ 代表其他控制变量，β_0 为常数项，β_1 和 α 分别为解释变量数字化转型和其他控制变量的回归系数，γ_i 和 θ_t 分别代表行业固定效应与时间固定效应，ε_{it} 为随机扰动项。

3. 实证检验与结果分析

在进行回归分析之前，首先对变量进行描述性统计分析，各变

量描述性统计分析结果如表 4-5 所示，创新发展指数的均值为
79.432，标准差为 5.791，表明不同企业的创新发展指数存在一定的
差异。*Digital* 均值为 10.342，标准差为 14.934，表明企业间数字化
转型程度的差异非常大，可见湖南省上市公司的数字化转型战略存
在较大差异，有些企业甚至出现了数字化转型指标值为 0 的情况，
说明企业战略规划中完全没有包含任何与数字化转型相关的词语。
相对地，*Digital* 最大值为 103.000，说明有些企业在数字化转型方面
相对激进，因而导致各企业数字化转型程度差异巨大。

表 4-5　描述性统计分析结果

变量	样本数	均值	标准差	最小值	最大值
Innovation	542	79.432	5.791	55.949	93.090
Digital	542	10.342	14.934	0	103.000
Profit	542	8.784	9.288	−5.845	55.521
Subsidy	542	7.537	1.346	2.500	11.978
Lev	542	0.430	0.201	0.040	1.207
StH	542	0.649	0.478	0	1.000

本章运用 Stata15.0 统计分析软件对模型进行回归分析。经过检
验选择使用固定效应模型进行回归分析，结果显示企业数字化转型
程度（*Digital*）对创新发展指数（*Innovation*）的影响在 5% 的水平
上显著为正（$\beta = 0.028$）。此外，营业利润率（*Profit*）、政府补助
（*Subsidy*）对企业创新发展指数（*Innovation*）的影响分别在 1% 和
5% 的水平上显著为正。资产负债率（*Lev*）和股权结构（*StH*）对企
业创新发展指数（*Innovation*）的影响不显著（见表 4-6）。

表 4-6　湖南省上市公司数字化与创新发展基础回归

变量	(1)	(2)	(3)
Digital	0.028** (1.72)	0.027** (1.69)	0.025** (1.61)

续表

变量	（1）	（2）	（3）
Profit	0.261***	0.259***	0.240***
	（9.35）	（9.4）	（10.33）
Subsidy	0.528**	0.534**	0.558**
	（2.95）	（3.00）	（3.22）
Lev	0.778	0.802	
	（0.61）	（0.63）	
StH	−0.160		
	（−0.32）		
常数项	72.641***	72.507***	72.755***
	（51.69）	（54.08）	（56.81）
样本数	542	542	542

注：括号中的数值为 t 统计量，且 $^*p<0.1$，$^{**}p<0.05$，$^{***}p<0.01$。

四 本章小结

通过对湖南省上市公司的验证性经验分析发现，第一，湖南省上市公司整体数字化转型程度相对较低，截至 2023 年底，有 20% 的上市公司从未在其年报或战略目标中提及任何与数字化转型相关的内容。这可能表明这些上市公司尚未充分认识到数字化转型的重要性，或者缺乏进行数字化转型的资源和能力。第二，数字化转型主要集中在计算机、通信和其他电子设备制造业以及软件和信息技术服务业等领域，这些领域与数字技术直接相关。尽管湖南省在发展数字经济方面具有一定的潜力，但目前全行业尚未将发展数字经济提升到战略高度。第三，湖南省的国有控股企业在数字化转型方面的步伐相对较慢，这表明民营企业在推进数字化转型方面更为积极。这可能是因为民营企业对市场竞争的敏感度更高，更倾向于采用创新性战略提高效率和竞争力。第四，湖南省上市公司数字化转型更加侧重数字技术应用方面，表明湖南省的上市公司在关注数字化对企业影响方面，似乎仍将重点放在消费者端（C端），在很大程度上依赖消费市场推动企业的数字化转型进程，对更为关键的底层技术创新缺乏关注。第五，分析发现数字化转型总体上对企业创新起到促进作用。这说明企业数字化转型在短期内可能对少数个体产生不利影响，但从长期来看，数字化转型将有利于企业创新。

这些发现为我们提供了关于湖南省上市公司数字化转型现状的重要见解，也揭示了未来可能需要进一步关注和研究的问题。根据本章的研究结论，提出上市公司在数字化转型过程中实现持续创新的建议。

由于企业数字化转型对企业创新发展有促进作用，所以国家应继续加强政策支持，不能只鼓励国有企业，非国有企业也应该得到更大力度的支持。此外，由于数字化转型的效益显现具有时滞性，对进行数字化转型的企业而言，要加大金融政策的支持力度，帮助企业解决融资难题，优化营商环境。大型商业银行要发挥头雁作用，政策性银行要利用好中国人民银行的科技专项再贷款、再贴现政策，为企业提供稳定的长期资金，帮助企业破解"不敢转""转不下去"的难题。

由于欠发达地区的企业往往具有更强的边际创新能力，湖南省应继续加大政策对企业进行数字化转型的支持力度。通过充分发挥数字化转型对企业创新发展的驱动作用，促进企业提升核心竞争力，从而形成企业数字化转型促进创新的后发优势。这种后发优势可以使企业在数字化转型过程中实现跨越式发展，提高企业的竞争力和创新能力，进一步推动湖南省经济社会发展。因此，湖南省应加强政策引导和支持，鼓励企业加大数字化转型投入，加快数字化转型进程，从而为企业创新发展注入新的动力。

企业通过数字化转型，能够更有效地利用资源，提高生产效率，降低成本，从而获得更大的定价权。数字化转型使企业具有更强的市场势力。然而，这种市场势力的增强也可能导致企业滥用市场支配地位，破坏公平竞争的市场环境。因此，相关部门需要进一步完善反垄断相关的政策法规。这些政策与法规应该分类分级地落实好反垄断策略，既要维护公平竞争的市场环境，防止企业滥用市场支配地位，又要引导企业合理定价，避免价格过高或过低对消费者和市场产生不利影响。此外，政府还应引导企业在全行业产生"技术溢出"效应。通过数字化转型，企业可以将先进的技术和管理经验分享给其他企业，促进全行业的共同进步和发展。这种技术溢出效应不仅可以提高整个行业的生产效率和技术水平，还可以促进经济的可持续发展。

企业在制定数字化转型战略规划时，需要从长远的角度出发进行顶层设计。企业需要坚持以大数据、云计算、区块链等先进技术为底层架构，为实现数字化转型奠定坚实的基础，尽量与多元化转型同步进行。同时，企业需要注重原始创新，通过人工智能技术与数字技术的应用，打造具有核心竞争力的产品和服务。企业需要加强员工数字化素养的培育和组织变革。例如，可以设立首席数据官，负责全公司与数据相关的业务，直接向董事会负责；引入既懂数据、又懂业务的复合型人才，为数字化转型提供有力的人才保障。此外，企业还需要建立与数字化转型需求相匹配的长效机制，包括建立与数字化转型相关的组织架构、流程体系、数据治理机制等，确保数字化转型的顺利进行和长期发展。

第五章　金融化对湖南省上市公司创新发展的影响研究[*]

引　言

伴随着中国金融市场不断发展，我国"脱实向虚"的态势逐渐显现，并在 2010 年之后愈发明显（张成思、张步昙，2016）。一方面，金融机构和金融市场在国民经济中的比重增加，金融部门的规模和影响力相对于实体部门变得更大；另一方面，中国经济进入转型和升级阶段，产能过剩、创新能力不足和外部不稳定性冲击等问题挤压着实体部门的利润空间，在此影响下，企业管理可能更加侧重财务工程和金融策略以增加股东价值，而忽视产品创新或生产能力的提高。

学界现在所广泛研究的企业金融化这一议题大多专指实体企业通过购置金融资产、获取金融收益导致的经济"脱实向虚"现象。金融危机之前，学者的研究开始从微观企业探究转向宏观经济层面的金融化现象（Krippner，2005；Orhangazi，2006），指出美国经济自 20 世纪 70 年代以来转入了金融化的轨迹，越来越多的实体经济利润和积累流向了虚拟经济。金融危机之后，金融化成为反思这场

　　* 本章为国家社科基金一般项目（项目编号：21BJL111）的阶段性成果。本章作者为李仁宇（湖南科技大学湖南创新发展研究院副教授）、何刘硕（湖南科技大学商学院 2021 级金融专硕）。

席卷全球的金融危机的一个角度，有学者认为金融化推高了金融不稳定和泡沫，削弱了金融市场对实体经济的真实反映能力，成为金融危机的一个重要诱因（Stockhammer，2010）。

配置金融资产是企业在"虚""实"之间的企业发展路径选择，会影响企业资源配置。目前已有金融化对企业经营特征影响的研究。其中，有的研究认为企业配置金融资产是企业打造的资金"蓄水池"，能够改善企业的资产结构流动性，缓解企业投资收益率下降的困境（Bodnar et al.，1995）；另外，企业通过配置流动性调整类的金融资产能够平滑企业的财务需求，进而为持续创新提供资金（尹夏楠、詹细明，2023）。然而，有学者认为1970年后西方资本主义国家公司控制权市场带来的股东价值取向导致公司管理人员对短期利润的单一关注，催生了非金融企业对金融投资的热情，而这挤出了实体投资（Stockhammer，2004）；此外，大量研究表明，企业配置金融资产会损害企业主业发展、抑制企业研发和创新、增加企业财务风险、减少企业劳动雇佣或降低企业生产效率（杜勇等，2017；王红建等，2017；刘姝雯等，2023）。

为了探究金融化对企业创新是"促进"或是"抑制"，本章选择2007~2023年湖南省A股上市公司数据，实证检验了金融资产配置与企业创新之间的关系。研究发现，企业配置金融资产的比重越大，公司的创新水平越弱，即金融化抑制了企业创新。

一　理论分析与假说提出

（一）实体企业配置金融资产的动机

根据资源依赖理论，企业的经营发展摆脱不了对外界资源的依赖，这些外部资源和企业自身特质的动态交互演进过程使企业找到符合其资源禀赋的比较优势，最终使企业走上适合自身的成长路径。

从公司资源依赖的动因来看，企业利用金融资产配置活动进行流动性调整，能够对企业创新面临的融资约束产生缓解效应，是管理者对公司资源的一种有效运用方式。加上金融产品的回报周期短、资产流动性强的特点，从融资优序的角度来讲，金融资产通常更容易变现，因此企业可以将其用于管理短期流动性需求，在面对突发性支出和其他短期财务需求时能迅速形成内部融资资金（Opler et al.，1999）。

此外，收益机会差异是驱使资本流动的最根本原因，长期以来，中国的金融业由于垄断地位和利率管制政策的存在表现出极高的资本回报率（王红建等，2017），当金融投资回报率高于机会成本时，企业自然产生进行金融投资的动机。内生成长理论强调企业内部特质如创新、人力资本、资本积累、长期战略、组织演化和企业文化等对于成长的关键性作用，这些内部资源状况决定着企业的内生成长能力，而一定时间内企业能利用的资源是有限的，已有研究表明企业金融化可能导致企业将资源过度集中于金融部门而非生产部门，导致资源分配失衡（张成思、张步昙，2016），从而可能影响企业创新。同时，金融投资与实体投资收益差距会削弱企业发展实业的战略坚守，大量资金作为金融资产导致企业错失了投资于新产品开发或市场扩张等获得长期增长的机会。当企业将资金投入金融市场时，它们用于实物资本投资的可用资本会减少，企业过度追求金融利润导致实体投资资源被占用，企业配置金融资产和实体经济活动的这种负向变动关系被学界称为金融化的"挤出"效应（谢家智等，2014）。

委托代理同样是影响企业资产配置的重要机理。股东和管理者之间存在信息不对称，股东委托代理人来管理企业，但代理人的目标可能与最大化股东利益之间存在雇佣合同无法消除的不一致。企业通常由高级管理层或股东代表的董事会来管理，这些管理者的大部分激励结构基于短期绩效和财务指标，例如股价表现、季度利润等。这种激励结构导致管理者将更多的精力和资源放在实现短期目标上，以获得奖金或股权激励（Orhangazi，2008）。购买金融资产可以在短期内带来回报，因为它们通常更容易变现和管理（Demir，2009）。此外，长期项目规划和投资通常伴随着更大的不确定性，管理者担心长期实体投资的风险，尤其是在不确定的经济环境下，这使得他们更愿意做出短期投资决策，以降低风险和不确定性（王红建等，2017），因此，出于稳固自身职业安全的目的，他们可能更倾向于将资金投入短期可获得回报、更低"反悔成本"的金融领域。

大股东和小股东之间的代理问题也会影响企业的资产配置，杜勇等（2017）认为大股东可以通过控制企业购置金融资产来实现资金占用、关联交易和利润转移等机会主义行为。相比于英美国家，第二类代理问题在中国的企业治理上更为凸显。中国的企业更多表现出一股独大的股权结构，在同股不同权等股权杠杆工具的作用下，大股东的控制权和收益获取权出现偏差，更容易引发侵害小股东收益权利的私利行为（文春晖，2015）。因此，代理问题也是诱发实体企业的短期金融投机套利偏好、损害企业长期发展利益的内在机理。

（二）研究假说的提出

在企业资源外部依赖、资本逐利性和委托代理的理论前提下，实体企业金融化是促进企业创新还是抑制企业创新，显然与其配置金融资产的具体动机相关。因为企业配置金融资产的不同动机决定其在实体经营面临需要时对所持有的金融资产的处置行为，即要么选择出售资产以满足实体所需，要么选择继续持有以赚取超额回报，从而对企业创新产生或"反哺"或"挤出"的效应。大部分研究将企业配置金融资产的动机分为两个，即"蓄水池"动机和"替代"动机。

"蓄水池"理论强调了企业将资产置于金融市场的优势，即可以帮助企业更好地进行流动性管理、降低风险、增值资本和利用市场机会。预防性储蓄理论认为，企业会在有利时机为了降低未来不确定性和风险的不利影响而储备现金或其他金融资产，以此提高财务稳健性、平滑企业现金流，并分散企业经营风险（Demir，2009），确保可持续经营和增长。从金融资产配置的资金储备功能来看，"蓄水池"动机主要通过以下渠道影响企业创新：其一，相比于实物资产，持有一定数量的金融资产使企业能够迅速抓住有吸引力的投资机会，在需要时迅速转化成用于扩展市场边界或在市场上交易的资金；其二，相对于现金，金融资产具有更好的收益性，金融资产不仅能够用来储备内部的现金流量，形成企业的内部融资，还可以在货币宽松、外部融资资源充沛时以配置金融资产储备富余融资资金从而降低资本成本，还有研究认为，资本金融化可以改善企业的资产负债结构、提高企业的信用等级从而强化融资能力（Theurillat et al.，2010）；其三，对金融资产的投资通过收入效应促进企业创新，当企业利润率比较高时，将剩余资金用于金融投资，获取的金融收益在需要时投入实体部门，进一步提高企业利润率，形成产业和金融互进的良性循环（谢富胜、匡晓璐，2020）。

企业配置金融资产的"替代"动机是指企业将其资金用于购买金融工具，而不是将这些资金投资于其核心业务或实业，因为管理者认为这些资金可以在金融领域获得更好的收益，从而对企业的实业投资产生"挤出"效应。基于赚取超额回报的市场套利动机来看，在这种"替代"动机的驱使下配置金融资产对企业创新至少有以下两方面影响：第一，在融资约束条件下，实体企业金融化的市场套利行为会显著减少企业实物资本或研发创新等长周期性投资，损害企业创新基础；第二，在委托代理条件下，当高层管理人员和股东以及大小股东之间的利益不完全一致时，信息优势方或控制权掌握方更关注短期金融回报，而不是企业的长期健康和增长，这导致企业采取金融投资策略，以获取快速的金融回报，忽视实体业务的发展和可持续增长。

综上所述，一方面，有效的金融化策略可能有助于增强企业的稳定性和成长潜力，金融化可以更好地"反哺"实体企业创新。另一方面，如果实体企业金融化是基于市场套利动机，金融投资是低收益、高成本摩擦的实体投资之"替代"，则必然掏空实体产业部门发展的资源基础，恶化企业创新前景。为了探究整体上哪种动机在主导企业配置金融资产，本章提出以下假说：

H1a：如果企业金融化以"蓄水池"动机为主导，那么金融化对企业创新具有正向影响。

H1b：如果企业金融化以"替代"动机为主导，那么金融化对企业创新具有负向影响。

二　研究设计

（一）计量模型设定

为验证研究假说，本章构建了模型（1），以考察金融化对企业创新的影响。

$$Innovation_{ft} = \alpha + \beta fin_{ft} + \gamma Z_{ft} + \delta_f + \varphi_t + \varepsilon_{ft} \tag{1}$$

其中，f 表示企业，t 表示时间，Z 表示影响企业创新的控制变量。被解释变量 $Innovation_{ft}$ 为企业 f 在时期 t 的创新水平。若假说 H1a 成立，预计金融化（fin）的回归系数（β_1）显著大于 0，即表明金融化促进了企业创新；若假说 H1b 成立，预计 fin 的回归系数显著小于 0，则表明金融化抑制了企业创新。此外，δ_f 表示企业个体固定效应，用以控制企业层面的不可观测因素。φ_t 为年份固定效应，用来控制潜在的时间层面混杂因素，ε 为随机误差项。

（二）变量选取

核心解释变量：金融化（以金融化程度来刻画）。本章借鉴杜勇等（2017）的做法，以企业持有的金融资产占总资产的比重衡量金融化程度。根据企业的资产负债表，将交易性金融资产、衍生金融资产、发放贷款及垫款净额、可供出售金融资产净额、持有至到期投资净额、投资性房地产净额都纳入金融资产的范畴。需要说明的是，企业资产负债表中的货币资金不被视为金融资产，而是被视为现金与现金等价物，因为货币资金是企业所持有的现金、银行存款和其他类似资产，通常是高度流动的，这些资金可以随时用于支付企业的日常开支、应付账款等，和企业的日常经营相关，持有目的不是获得投资回报。因此，本章中的金融资产未包括货币资金。此外，投资房地产具有资本增值的潜力，近年来中国的房地产市场价格波动较大，特别是在一线城市，这种价格波动不仅受到实体需求的影响，还受到投机情绪和投资资金流动性的影响，这使中国现代房地产市场在一定程度上表现出虚拟化特征。因此，本章在企业金融化的衡量过程中包括了投资性房地产净额项目。此外，本章根据自 2018 年 1 月 1 日起施行的《企业会计准则第 22 号——金融工具确认和计量》对 2018 年以后变动项目进行了替换。由此，企业金融化程度的计算公式为，fin =（交易性金融资产+衍生金融资产+发放贷款及垫款净额+可供出售金融资产净额+持有至到期投资净额+投资性房地产净额）/总资产；2018 年以后，fin =（交易性金融资产+衍生金融资产+发放贷款及垫款净额+其他债权投资+其他权益工具投资+债权投资+投资性房地产净额）/总资产。

核心被解释变量：企业创新衡量指标（*Innovation*）。企业的创新水平通常使用研发投入、专利产出等指标来衡量。考虑到数据的完整性，本章使用上市公司专利申请量来衡量，并使用研发投入来进行稳健性检验。

企业层面的控制变量，包括①企业规模（*SIZE*），以企业总资产的对数值来衡量；②资产负债率，以总负债除以总资产得到；③融资约束，以 *SA* 指数来衡量，*SA* 指数的绝对值越大，表明企业受到的融资约束程度越高；④企业年龄（*AGE*），为样本报告年份与企业成立年份之差。

（三）样本选取和数据来源

考虑到 2006 年我国会计准则进行了调整，为避免这一调整可能带来的影响，同时为与现有研究保持一致，本章选取 2007～2023 年在湖南的沪深两市 A 股上市公司为研究样本，并按照以下原则进行样本筛选：①剔除金融类以及房地产行业上市公司；②剔除相关数据缺失的样本。研究中所使用的数据来自 CSMAR 数据库。为减轻极端值对结果的潜在影响，本研究对模型中的所有连续变量进行了缩尾处理，将其调整到 1% 和 99% 分位数之间。

三　实证结果

（一）基准估计结果

根据上文设定的基准模型，采用逐步加入控制变量的方法进行回归分析，回归结果如表 5-1 所示。其中，表 5-1 列（1）中没有加入任何控制变量，列（2）中加入了企业规模、企业负债率、企业年龄等控制变量，列（3）中进一步加入了融资约束变量。从表 5-1 的回归结果可以看出，企业金融化的回归系数在所有模型中都在 10% 的显著性水平上为负，这说明企业金融化对企业创新具有显著的抑制作用，H1b 成立。在表 5-1 列（3）中，企业金融化的回归系数为 -0.4021。这一估计结果表明企业金融化与企业创新之间存在显著的负向关系，也就是企业金融化水平提高将抑制企业创新。以上结果符合假说 H1b 的预期，拒绝了 H1a，即实体企业金融化的"替代"动机在经济整体上占主导，意味着金融化程度越高的企业，其创新性往往表现越差，实体企业配置金融资产很可能是出于投机套利动机，而不是为了通过"蓄水池"机制反哺主业。如果金融市场可以提供高回报，会吸引企业将资金用于投资金融工具，如股票和债券，这可能导致企业更倾向于投资金融市场，而不愿意冒更大的长期风险进行创新投资。金融市场以短期回报为导向，这也顺应代理人和大股东追求短期高收益需求，而获得的投资收益继续投资于金融市场，社会资金继续在虚拟经济中循环空转，助长金融泡沫和风险。这种金融化会削弱实体部门的创新力。

表 5-1　基准回归结果

变量	（1）	（2）	（3）
金融化	-0.3674* (0.2159)	-0.3825* (0.2252)	-0.4021* (0.2301)
企业规模		0.1454*** (0.0467)	0.1967** (0.0767)
资产负债率		0.0903 (0.0655)	0.0878 (0.0667)
企业年龄		0.5425** (0.2754)	0.5249** (0.2765)
融资约束			-0.1333 (0.0968)
常数项	1.4196*** (0.0252)	-3.1217*** (1.2866)	-4.0375*** (1.7532)
样本数	1268	1268	1266
R^2	0.813	0.817	0.817

注：各列括号内为稳健标准误；"***""**""*"分别表示 1%、5% 和 10% 的显著性水平。

（二）稳健性检验结果

第一，内生性问题。业绩指标可能存在时间相关，样本企业处于相似的宏观经济金融环境，且可能存在难以观测的遗漏变量，由此导致模型的内生性问题。针对此，本章参考杜勇等（2017）的方法，采用金融化（*fin*）的滞后一期和滞后两期作为工具变量，采用工具变量—广义矩估计（IV-GMM）方法进行稳健性测试。为考察工具变量的有效性，本章选用 Kleibergen-Paap rk LM 统计量来检验不可识别问题（Underidentification），以 Kleibergen-Paap rk Wald F 统计量来检验弱工具变量问题（Weak identification），以 Hansen J 统计量来检验过度识别问题（Overidentification），表 5-2 中结果显示不存在上述三个问题，因此，*fin* 的滞后一期和滞后两期作为工具变量是有效的。第二阶段检验结果显示，金融化仍对企业创新产生了显著的负面影响，与前文结论一致。

第二，更换被解释变量的度量。本章接下来采用企业研发投入占企业营业收入的比例来衡量企业创新，并重新进行上述回归。表 5-2 列（2）显示，更换被解释变量的度量后，金融化的估计系数为负且显著。金融化变量的估计结果与表 5-1 是高度一致的，表明表 5-1 中金融化的估计结果具有稳健性。

第三，缩尾处理。为检验金融化对企业创新的影响是否受到异常值的影响，本章对包括企业创新等在内的核心变量数据进行缩尾处理。表 5-2 列（3）显示缩尾处理后金融化的估计系数为负且显著。与表 5-1 中金融化的估计系数相比，缩尾前后的估计系数大小和显著性都没有显著的变化。这表明表 5-1 中的估计结果并没有受到异常值的影响，估计结果是稳健的。

表 5-2　稳健性检验结果

变量	（1）	（2）	（3）
	IV-GMM 估计	研发投入占比为被解释变量	缩尾处理
金融化	-0.3672* （0.2147）	-0.1685* （0.0958）	-0.3814* （0.2206）
控制变量	是	是	是
Kleibergen-Paap rk LM 统计量	258.36		

续表

变量	（1） IV-GMM 估计	（2） 研发投入占比 为被解释变量	（3） 缩尾处理
Kleibergen-Paap rk Wald F 统计量	2165.16		
Hansen J 统计量	10.11		
常数项	-1.2107 （0.8531）	-0.4152 （0.7511）	-3.5523** （1.6021）
样本数	856	972	1266
R^2	0.533	0.575	0.824

注：各列括号内为稳健标准误；"＊＊＊""＊＊""＊"分别表示 1%、5% 和 10% 的显著性水平。

四　本章小结

本章利用 2007~2023 年湖南省 A 股上市公司数据，测算企业金融化水平，从理论和实证两方面考察企业金融化对企业创新的影响。研究结果表明，企业金融化程度与企业创新水平呈显著负相关。具体来说，金融化程度提高会抑制企业的创新水平。这一现象主要是由于企业在金融资产配置方面的投机套利挤出了企业用于创新资源投入的空间，这种配置通过对创新投资的挤出效应抑制企业成长。本章的研究发现对于理解和应对金融化带来的挑战，促进企业创新具有重要意义。

政策制定者应关注金融市场与实体经济的协调发展，避免过度金融化可能带来的负面影响。从企业管理者角度来说，企业管理者应基于自身资源禀赋和所处的行业环境，制定合理的资产配置策略，以实现企业创新发展。具体来看应做到以下几点。

（1）平衡金融与实体经济的关系，缩小金融和实体经济收益的差距。马克思的观点"利息来源于利润"强调了金融资本对实体经济的依赖关系，马克思生息资本理论认为金融资本收益是由实体经济创造的利润所形成的。实体经济包括生产商品和提供服务的实际经济活动，金融部门的职责是通过提供融资、资本配置和风险管理等服务，为实体经济提供必要的支持，并以此获得适度的回报。现代金融业依赖其掌握的资源和强大的议价优势成为经济体中的强势个体，凭借金融优势对实体经济进行"金融剥削"（杜勇等，2017）。根据"利息来源于利润"的理论观点，金融行业的高收益必然意味着实体经济的高融资成本，当前政府关注和舆论批评的"实体难"问题也是相对于金融行业的高收益而言的，在这样的背景下实体企业对参与金融交易自然趋之若鹜。这正是本章所研究的企业配置金融资产的"替代"动机的根本原因。

为了减少企业金融化对实体企业创新的损害，首先要从宏观经济利润分配机制层面上推行"金融让利"政策。①制定金融监管政策，鼓励金融机构将融资重点放在期限长、收益低的创新和重点、薄弱领域的实体经济项目上，并以现代数字信息技术手段监控企业资金用途，避免过度金融化导致的资源错配和市场泡沫，同时保障金融市场的健康发展。②政府应制定明确的政策和法规，明确金融机构在向实体经济提供融资时的让利手段，并提供支持。这些政策可以包括税收激励、利率管制、贷款利率上限和金融机构低成本融资来源等，以此促进经济增长，提高企业创新投资收益。③加强金融机构的监管，确保其遵守金融让利政策。这包括定期审计金融机构的投融资活动或对其进行金融机构社会责任评价等。④鼓励政府、金融机构和实体经济企业之间的合作关系以促进信息共享和风险分担。

（2）建立良好的金融环境和市场环境能够防止企业金融化、促进企业创新。①应鼓励金融机构提供定制化的融资产品，以满足不同企业的融资需求，例如通过增加中小企业贷款、鼓励创新型企业融资等措施，以减少重点企业对金融市场投机性投资的依赖。②政府牵头优化、整合并开放信用评估和信息共享系统，提高信贷审批的效率和精准度，减少不必要的信贷歧视。③发展并推广金融科技，如互联网金融，利用合作贷款、新型融资工具等融资方式，为实体企业特别是初创企业和小型企业提供更低成本、更灵活的融资渠道。④增强市场监管机构的能力和独立性，确保其能有效监控市场活动。提升市场运作的透明度，包括公开透明的政策制定和执行过程，以及市场数据的公开。

（3）引导企业合理配置金融资产。金融业和实体经济是协同进步的经济组成部分，二者不是对抗的关系。企业金融化也并不是一个应该全盘否定的现象，而是一个需要精细管理和合理运用的财务策略。首先，从企业层面来说，企业应平衡其金融资产投资与实体经济投资的比例，确保金融资产投资不会挤压实体经济的必要投资。其次，金融资产的风险管理和流动性管理特征决定了其是实体投资的必要补充，企业可以利用金融资产作为风险管理的工具，同时，金融资产还可以作为流动性管理的一部分，帮助企业在需要时快速转化为现金，以应对突发资金需求。企业应该利用金融资产的回报支持企业的创新和研发活动，而非替代实体部门的长期成长机会。最后，针对企业金融化的直接诱因——企业内部的委托代理问题，企业应该优化内部治理结构，确保金融资产的投资决策过程透明、高效，防止管理层短视行为，确保金融投资不是基于短期回报而忽略了长期企业成长。针对企业所有者对管理者金融投资的"重奖轻罚"现象，企业应定期监控金融资产投资的绩效，确保它们符合企业的整体财务健康要求和长期战略目标，并加大对损害企业利益的金融化行为的处罚力度。

第六章 同群效应对湖南省上市公司创新发展的影响研究[*]

引 言

　　创新是影响公司价值、经营绩效的重要因素之一，积极的创新战略能够为企业健康可持续发展提供源源不断的驱动力。近年来，湖南全面贯彻落实"三高四新"使命任务，通过加强科技研发、推动科技成果应用、培育高新技术产业等措施推动区域创新发展，2023年湖南全省研发经费投入强度在3.2%左右，高新技术产值占比49.9%，并自2020年以来年均增长15.6%，区域创新能力排名跃居全国第九位（尹晓宇，2024）。与此同时，创新成果也呈现显著的提升态势，统计显示，2022年湖南专利授权量达到92916项，其中工矿企业专利授权量达到60706项，占比65.33%（数据来源于湖南省统计年鉴）。在企业创新热情高涨的大背景下，综观湖南上市公司2010~2022年的研发投入可以发现，湖南全部上市公司的平均研发强度节节攀升，从1.03%提高至5.02%，增长了4倍左右。这似乎说明A股上市公司的创新意识已经空前高涨，更多企业期望通过创新提升企业竞争力获得超额利润。然而，令人遗憾的是，同一时期内企业盈利能力并未明显增强，甚至还呈现走低趋势。同样，以湖

　　[*] 本章作者为李华金（湖南科技大学湖南创新发展研究院讲师）、彭咏琴（湖南科技大学商学院2024级会计学专业硕士研究生）。

南全部上市公司为样本，企业平均利润水平由 2010 年的 7.52% 下降至 2022 年的 4.31%。创新强度逐渐增加，创新效率却不见提升甚至变差，那究竟是什么因素驱动企业持续增加创新投入、开展创新活动呢？

现有研究认为，企业创新不仅受到组织制度、高管特征、资本结构等内部驱动因素的影响，还受到政府补助、金融发展、市场竞争等外部因素的影响。针对上述研发投入与利润水平不同步现象，不少学者从需求和成本角度解释，认为企业创新对企业绩效的积极影响并不显著，或者仅有一部分企业能从创新中受益，原因在于高昂的创新成本可能挤占企业生产资源，损害企业经营绩效。也有学者认为，创新投入与盈利能力之间的非同步关系表明需求和成本因素不能完全解释中国企业的研发投入增长趋势，企业之所以在整体利润水平下降的情境下还持续加大研发投入，很有可能与其他企业的创新行为有关。相关研究主要从两个方面对这一问题进行阐释：一是从产业集群角度研究，强调创新要素的集聚以及创新的空间外溢效应；二是从社会交互或者社会网络角度研究，强调企业间社会联系和信息共享对创新行为的影响。这些研究为解释创新投入与盈利增长悖论的形成机理提供了研究基础和启发。然而，由于企业创新行为的系统性、复杂性与动态性，行业内、地区内以及社会网络群内企业的创新行为都可能成为焦点企业的参照对象，其创新投入、创新成果等都有可能受到参照企业的影响，相关研究将此种现象界定为"同群效应"，其包括行业同群、地区同群和社会网络同群三种类型。那么对湖南上市公司而言，其创新发展是否受同群企业的影响，这种创新同群效应是否存在，以及这种创新同群效应又会受到哪些因素的影响？

为了回答以上问题，本章以 2010～2022 年湖南制造业上市公司为研究样本展开了实证研究。首先，依托行业、地区与社会网络关系三种企业种群划分方式，探讨湖南制造业创新同群效应的存在性，为解释企业创新行为决策逻辑、增强企业创新动力提供理论参考。其次，基于"同群效应"生成方式，从行业特征、制度环境以及社会网络中心度等方面解释上述悖论产生的内在机制，分析不同类型同群特征的驱动因素，为提升企业创新绩效提供理论参考，为完善创新支持政策提供决策参考。

一　文献回顾与研究假设

（一）企业创新同群效应的存在性

根据社会心理学理论，同群效应是指一方行为受到同伴行为影响的现象。该现象的产生源于决策面临的不确定性以及决策者的有限理性，拥有有限信息的决策者倾向于通过学习和模仿同群者的决策来应对决策的不确定性（Ellison & Fudenberg，1995）。在个体决策领域，既有研究发现个人体重、家庭捐赠行为、股市参与决策等受到同伴行为的影响（Kaustia & Rantala，2015）。在企业决策领域，学者们认为同伴行为和决策包含一些自身没有掌握的有价值的信息，通过向同伴"取经"，企业可以降低自身面临的不确定性并做出更优的决策，并验证了企业并购、高管薪酬、企业投资决策、资本结构、利润分配和违规等行为中同群效应的存在（Lee et al.，2010；Alder and Liu，2013；Chen & Ma，2017）。创新作为企业决策中至关重要的一环，对企业的长远发展产生重要影响。相关研究将同群特征的研究引入企业创新决策，认为企业创新决策具有较高的不确定性，为降低企业创新风险，企业决策者很可能会通过学习和模仿同群企业创新投入决策，这使得企业创新决策在同群企业内趋同的现象产生（Leary & Roberts，2014）。以往学者分别考察了企业创新的行业同群、地区同群和社会网络同群行为（冯戈坚、王建琼，2019；郝鹏、李梦蕾，2022；吴芳，2023）。而本章认为企业创新受到竞争学习和制度同构的双重影响，不仅受到同行业企业竞争和同一网络群体决策者偏好和创新资源的影响，也受到外部经济政策环境的影响，创新资源溢出和信息传递受到行业竞争、网络强度以及地理范围限制，上述三种同群行为可能同时存在，共同对企业创新行为产生重要影响。基于此，提出如下研究假设：

假设 6-1：企业创新存在行业同群、地区同群和社会网络同群效应，处于同行业、同地区和同社会网络关系的企业创新对焦点企业的创新具有促进作用。

（二）企业创新同群效应的驱动因素

现有研究从不同理论视角对企业创新同群效应的生成机制进行了分析。以社会心理学理论为基础，刘柏和王馨竹（2021）的研究认为同群效应主要有两方面来源：一是来源于企业与市场的信息不对称，当企业无法从市场中获得有效信息时，同群企业的创新决策可以为管理者传递有效信息，进而帮助焦点企业降低创新决策可能面临的市场风险；二是来源于市场竞争，企业需要采取与竞争者类似的策略来保持自己的市场份额，当同群企业都具有较高的创新水平时，焦点企业只有开发新产品并提升创新产品质量，才能避免在高度竞争的环境中被挤出市场。吴芳（2023）结合社会心理学和社会情感财富理论，从信息获取性模仿和竞争性模仿两个方面分析了企业创新社会网络同群效应的产生原因，得出结论认为信息获取性模仿是我国家族企业创新同群效应产生的主要机制。孙锦萍等（2022）聚焦于企业创新的地区同群效应研究，认为地区同群效应的生成方式包括观察式学习和交流式学习，当企业观察到同群企业因为创新获得高额回报时会跟随和模仿其创新行为，专利引用等行为则主要来源于高管间的老乡和校友关系带来的直接式交流。综合上述研究成果，借鉴社会学习理论的观点，我们认为不同类的同群效应生成机制不同。

1. 行业同群效应的驱动因素

行业同群效应是指企业创新行为受到同行业内其他企业创新行为的影响。同行业内的企业面临相似的技术环境、市场空间与发展前景，且群体成员间通常存在竞争关系，为了建立竞争优势获得高于同行企业的"超额利润"，这种"竞争者"身份会使焦点企业密切关注和参考同行业企业的创新行为，并对竞争对手的创新行为作出反应（彭镇等，2020）。因此，我们认为行业同群效应主要来源于市场竞争，企业所处行业竞争程度是决定其是否效仿同行业企业的重要因素。在竞争激烈的市场结构中，企业会更积极地关注竞争对手的创新策略。一方面，从成本收益角度来看，企业创新是一项高风险性活动，为了降低市场风险企业可能会采取与竞争对手相似的创新策略，投资相同或相近的产品（王侃，2014）；另一方面，激烈的市场竞争会促使企业更加积极地应对竞争对手的创新行为，企业期望能够比同群企业更早推出优质产品或增值服务，以获得更多市场份额或保持自身的竞争地位或优势。基于此，提出如下研究假设：

假设6-2：当其他条件一定时，企业创新的行业同群效应在竞争型市场结构中更显著。

2. 地区同群效应的驱动因素

地区同群效应是指处于同一省份或城市的企业在创新决策和创新行为方面会表现出趋同性，区域内同群企业的创新会沿着产业链、消费链传导（孙锦萍等，2022），企业创新会因为创新知识溢出效应的地理位置限制、政府支持政策的相似性以及社会分工等原因形成地区同群效应（彭镇，2015）。企业发展依赖于外部环境中的权变因素，管理层在制定战略决策时会受到环境因素的重要影响（钟腾等，2017）。在不同制度环境下企业模仿同群企业的意愿与程度不同，在制度环境优良地区，公开市场中的信息真实且透明，企业自主决策风险较低，自主决策意愿更强，较少受同群企业创新行为影响。在制度环境欠佳地区，环境不确定性增强，企业自主决策风险增加，迫使企业不得不寻找一条合理的参照路径以协助自身决策制定，因此，企业更有动机去学习、借鉴区域范围内其他企业行为，同群效应随之增强。基于此，提出如下研究假设：

假设6-3：当其他条件一定时，企业创新的地区同群效应在制度环境较差的地区更显著。

3. 社会网络同群效应的驱动因素

社会网络同群效应是指在企业社会关系网络化的背景下，企业创新活动的影响已经突破了简单的利益相关者边界，创新决策和创新行为会在其关联企业的社会网络中表现出一定的相似性、传播性以及同群效应（冯戈坚、王建琼，2019）。相关研究表明，社会关系网络能够帮助企业捕获公开市场上难以触及的有价值信息，企业模仿与自己存在关联公司的战略决策行为是一个占有决策（陆蓉等，2017），参考处于同一网络群体企业的创新行为有助于焦点企业获得更多的技术信息、降低创新的不确定性、减少创新投入的损失风险（严若森等，2020）。吴芳（2023）以中国家族企业为样本，发现企业创新投入具有显著的社会网络同群效应，且这种同群模仿效应主要是为了降低风险。邵鹏等（2022）的研究表明，董事联结关系形成的网络为企业创新搭建了资源共享的交流渠道，公司间董事联结关系越紧密，其资本投资越相似（Fracassi，2017）。由此可见，董事会网络是企业同群效应的重要作用渠道，社会网络联结企业在诸多公司决策方面具有相似性，将"点"拓展至"面"，可以认为企业行为与其社会网络同群企业之间存在相似性。且企业在社会网络中的联结关系越多（中心度越高），则其在社会网络中的影响力越大，从其中识别有效信息的能力越强，利用同群信息优化自身决策的能力也会越强（冯戈坚、王建琼，2019）。万良勇等（2016）指出，组织间模仿是同群效应产生的重要因素，个人更倾向于模仿有联结关系的行为主体，联结数量多的企业借鉴其他企业决策的信息通道更广、模仿机会更多、模仿成本更低。因此，本研究认为，社会网络中心度高的企业，在创新活动方面会表现出更强的同群效应。基于此，提出如下研究假设：

假设6-4：当其他条件一定时，企业创新的社会网络同群效应在处于网络中心度越高的企业中越显著。

二　研究设计

（一）研究样本与数据来源

本研究以2010~2022年沪深A股湖南地区的制造业上市公司为研究样本，基于企业核心管理层（董事、监事、高管）联结构建企业社会网络。剔除样本期间ST公司以及相关数据缺失的样本，共得到716个焦点企业年度观测值。按照2012年证监会行业分类目录对样本公司进行二级行业分类。

本研究使用的公示数据包括五大类：管理层数据、财务数据、专利数据、社会网络数据和制度环境数据。其中，管理层数据、财务数据和专利数据来自国泰安（CSMAR）数据库，社会网络数据（网络中心度）以管理层数据为基础，笔者自行对比、整理、编码后通过Ucinet 6软件计算得出，制度环境数据来自2011~2023年湖南省统计年鉴。回归分析所使用的计量软件为Stata 14.0。

另外，行业同群属性以制造业二级行业分类码为筛选标准，以全部A股上市公司为参照样本；鉴于我们的实证样本为湖南省上市公司，地区同群企业的识别以是否处于同一地区（长株潭地区、洞庭湖地区、湘西地区和湘南地区）为判定标准；社会网络同群属性用企业核心管理层人员的多重任职关系作为构建标准，对社会网络同群企业的识别，依赖企业间真实存在的管理层联结，这种联结关系也以全部A股上市公司为参照样本。

（二）变量定义

1. 企业创新

现有文献对企业创新的研究，主要发展出创新投入与创新产出两类代理变量。其中创新投入衡量企业对于创新研发的支持力度，以研发支出为典型变量；创新产出则是衡量企业的研发成果，主要以专利活动进行测度，包括专利申请数和专利授权数。本研究重点关注企业创新活动的同群效应，因此，将从研发投入和研发产出两个方面构建企业创新的代理变量。其中，研发投入的代理变量用研发投入强度（SD）进行衡量，研发产出代理变量用专利申请数（LP）进行衡量。由于专利申请数呈偏态分布，使用 OLS 进行回归分析时，需对专利数量进行自然对数调整，为了避免专利申请数为 0 的样本丢失，使用专利申请数加 1 的自然对数作为创新产出的代理变量。

在检验企业创新活动是否存在同群效应时，需计算行业同群企业、地区同群企业以及社会网络同群企业创新活动变量的均值，其中行业同群效应的创新投入均值用研发投入强度均值 ISD 表示，创新产出均值用专利申请数均值 ILP 表示；地区同群企业的创新投入均值用研发投入均值 ASD 表示，创新产出均值用专利申请数均值 ALP 表示；社会网络同群效应的创新投入均值用研发投入均值 NSD 表示，创新产出均值用专利申请数 NLP 表示。

2. 同群效应强度

借鉴赵颖（2016）的做法，本研究用企业与其同群企业创新投入和产出的差异作测度企业创新同群效应强弱的代理变量，同群差异越大则同群效应越弱，同群差异越小则同群效应越强。企业研发投入同群差异为企业研发投入强度（SD）减同群企业平均研发投入强度 ISD（ASD 或 NSD）后取绝对值，分别用 $RISD$、$RASD$ 和 $RNSD$ 表示；企业创新产出同群差异用企业专利申请数 LP 减去同群企业平

均专利申请数 *ILP*（*ALP* 或 *NLP*）后取绝对值，分别用 *RILP*、*RALP* 和 *RNLP* 表示。

3. 社会网络中心度

社会网络中心度是衡量企业社会网络结构特征的重要指标，刻画社会网络嵌入性特征的指标有点度中心度（*DE*）、亲密中心度（*CI*）、中介中心度（*BE*）和特征向量中心度（*EI*），这些指标可以较好地测度企业在社会网络中的地位、影响力和重要性。本研究使用 *DE* 作为基准模式的社会网络结构特征代理变量，其他三个中心度指标用作稳健性检验。在具体操作过程中，首先对比各年度上市公司核心管理层数据，根据多重任职关系构建年度"企业—企业"邻接矩阵，然后将邻接矩阵导入 Ucinet 6 软件，计算得出以上四个网络中心度指标。

4. 行业结构变量

参照鲁桐、党印（2014）的相关研究，行业结构变量用行业集中度表示，引入赫芬达尔—赫希曼指数计算行业集中度，指数越大说明行业集中程度越高，行业竞争程度越低。计算公式为：行业内的每家公司的营业收入与行业营业收入合计的比值的平方累加。

5. 制度环境变量

由于本研究聚焦于研究湖南省的上市公司，因此制度环境变量需要具体到各地市州，鉴于研究内容为企业创新活动，对制度环境变量的考察也主要考量创新相关的政策即可，借鉴相关研究本章采用地方政府对创新研发支持力度作为制度环境的代理变量，用各地市州规模以上企业内部研发投入中政府资金占比（*GSD*）进行衡量，在观测地区同群效应时，分别用不同地区（长株潭、环洞庭湖、湘西和湘南）各地市州 *GSD* 的均值进行测度。

6. 控制变量

根据现有相关文献，本章的控制变量包括：公司规模（*SIZE*）、杠杆水平（*LEV*）、盈利能力（*ROA*）、现金流水平（*CF*）、成长性

（*GR*）、资本性支出（*CE*）、无形资产比率（*IE*）以及企业年龄
（*AGE*）等。参照 Fang（2014）的做法，研究创新产出时用加入滞
后一期的研发投入强度（*SD*）来控制企业的创新能力。此外，对所
有连续变量在 1% 和 99% 分位进行缩尾处理。本研究的变量定义汇总
见表 6-1。

表 6-1　变量定义汇总

变量名称	变量代码	说明
创新投入	*SD*	研发投入强度，研发金额占营业收入比例
创新产出	*LP*	专利申请数，ln（专利申请数+1）
同群效应均值	*ISD*	行业同群企业研发投入强度均值
	ASD	地区同群企业研发投入强度均值
	NSD	社会网络同群企业研发投入强度均值
	ILP	行业同群企业专利申请数均值
	ALP	地区同群企业专利申请数均值
	NLP	社会网络同群企业专利申请数均值
同群效应强度	*RISD*	研发投入强度减去行业同群企业研发投入强度后取绝对值
	RASD	研发投入强度减去地区同群企业研发投入强度后取绝对值
	RNSD	研发投入强度减去社会网络同群企业研发投入强度后取绝对值
	RILP	专利申请数减去行业同群企业平均专利申请数后取绝对值
	RALP	专利申请数减去地区同群企业平均专利申请数后取绝对值
	RNLP	专利申请数减去社会网络同群企业平均专利申请数后取绝对值
制度环境	*GSD*	规模以上企业内部研发投入中政府资金占比，用地区各地市州平均值衡量

变量名称	变量代码	说明
行业结构	STR	如果行业 HHI 指数小于 0.1，取值为 1；否则取值为 0
社会网络结构特征	DE	点度中心度
	CI	亲密中心度
	BE	中介中心度
	EI	特征向量中心度
公司规模	SIZE	总资产规模取自然对数
杠杆水平	LEV	资产负债率
盈利能力	ROA	净资产收益率
现金流水平	CF	每股经营活动产生的现金流量净额
成长性	GR	可持续增长率
资本性支出	CE	构建固定资产、无形资产和其他长期资产支付的现金占总资产比率
无形资产比率	IE	无形资产比率
企业年龄	AGE	企业成立年数加 1 取自然对数

（三）回归模型

对于研究假设 6-1，构建回归模型（1）进行检验。

$$SD_{i,k,t}(LP_{i,k,t}) = \beta_0 + \beta_1 SD_{-i,t}(LP_{-i,t}) + \sum \gamma_j Ctrls_{j,i,t-1} + \nu_t + \mu_k + \varepsilon_{i,k,t}$$

（1）

在模型（1）中，$SD_{i,k,t}$ 和 $LP_{i,k,t}$ 分别表示身处 k 行业的企业 i 在 t 期的创新投入和创新产出变量；$SD_{-i,t}$ 和 $LP_{-i,t}$ 分别表示第 t 期企业的同群企业（不包括企业 i）的创新投入和创新产出的平均水平，包括行业同群、地区同群和社会网络同群 3 类 6 个变量；$Ctrls_{j,i,t-1}$ 表示控制变量，j 表示控制变量标号，考虑企业创新活动的时滞性，将控制变量滞后一期；ν_t 和 μ_k 分别表示年份固定效应和行业固定效应；$\varepsilon_{i,k,t}$ 表示随机扰动项；β_0、β_1 和 γ_j 分别表示各对应变量的回归系数，并对所有回归系数 t 值进行稳健标准误调整，下同。

对于研究假设 6-2 至假设 6-4，构建如回归模型（2）至模型（4）进行检验。

$$RISD_{i,k,t}(RILP_{i,k,t}) = \beta_0 + \beta_1 STR_{k,t} + \sum \gamma_j Ctrls_{j,i,t-1} + \nu_t + \mu_k + \varepsilon_{i,k,t}$$
（2）

$$RASD_{i,k,t}(RALP_{i,k,t}) = \beta_0 + \beta_1 GSD_{l,t} + \sum \gamma_j Ctrls_{j,i,t-1} + \nu_t + \mu_k + \varepsilon_{i,k,t}$$
（3）

$$RNSD_{i,k,t}(RNLP_{i,k,t}) = \beta_0 + \beta_1 DE_{n,t} + \sum \gamma_j Ctrls_{j,i,t-1} + \nu_t + \mu_k + \varepsilon_{i,k,t}$$
（4）

模型（2）至模型（4）中，左边被解释变量表示处于 k 行业的企业 i 在第 t 期同群效应强度，右边解释变量 $STR_{k,t}$、$GSD_{l,t}$、$DE_{n,t}$ 分别表示行业结构、制度环境以及社会网络结构特征等驱动因素，其中社会网络结构特征变量中用点度中心度（DE）作为基准回归，其余的亲密中心度（CI）、中介中心度（BE）和特征向量中心度（EI）变量作为稳健性检验。

三　实证结果分析

（一）描述性统计分析

各变量的标准性统计分析结果见表 6-2，样本公司平均创新投入强度为 3.2%，即研发费用占公司主营业务收入的 3.2%，平均每年专利申请数为 29.142 件。样本公司的行业同群企业研发投入强度均值为 3.4%，专利申请数均值为 25.149 件；地区同群企业研发投入强度均值为 2.9%，专利申请数均值为 24.136 件；社会网络同群企业研发投入强度均值为 3.1%，专利申请数均值为 26.771 件。在同群效应方面，行业同群效应的研发投入强度差异均值为 1.267%，专利申请数差异均值为 5.142 件；地区同群效应的研发投入强度差异均值为 2.103%，专利申请数差异均值为 6.714 件；社会网络同群效应的研发投入强度差均值为 1.444%，专利申请数差异均值为 4.523 件。

行业结构变量均值为 0.641，即大部分上市公司都处于竞争型市场环境中。制度环境变量规模以上工业企业内部研发投入中政府资金占比最大值为 0.0641，为 2021 年的长株潭地区；最小值为 0.009，为 2016 年的湘西地区。从社会网络结构特征来看，样本公司的 DE 均值为 0.197，意味着平均每家公司与同年度上市公司总数的 19.7% 的公司存在联结关系；CI 均值为 0.423，表明在整个社会网络中，一家公司到达其余每家公司所需的平均最短路径之和为 124.6 步；BE 均值为 0.149，说明平均每家公司在其余任意两家公司最短路上的概率为 14.9%。

表 6-2　样本公司各变量的描述性统计（$N=716$）

变量代码	均值	最小值	最大值	标准差	中位数
SD	0.032	0	0.302	0.017	0.029
LP	29.142	0	718	164.25	27.145
ISD	0.034	0.009	0.081	1.458	0.039
ASD	0.029	0.014	0.067	1.635	0.030
NSD	0.031	0.011	0.091	1.847	0.031
ILP	25.149	10.226	56.142	98.66	26.113
ALP	24.136	12.360	32.149	42.156	24.136
NLP	26.771	14.236	44.119	13.642	23.164
$RISD$	1.267	0.001	11.430	1.648	1.301
$RASD$	2.103	0.002	14.226	1.789	1.912

续表

变量代码	均值	最小值	最大值	标准差	中位数
RNSD	1.444	0.001	17.366	2.146	1.364
RILP	5.142	0.010	108.99	2.141	6.413
RALP	6.714	0.012	144.12	3.612	6.454
RNLP	4.523	0.014	89.125	89.146	4.143
GSD	0.029	0.009	0.0641	14.542	0.0264
STR	0.641	0	1	1.236	1
DE	0.197	0	0.665	0.143	0.171
CI	0.423	0	0.588	0.163	0.443
BE	0.149	0	1.097	0.208	0.074
EI	0.859	0	13.25	1.975	0.203
SIZE	21.459	18.913	26.489	1.412	22.668
LEV	0.451	0.042	1.098	0.234	0.449
ROA	0.074	−0.749	0.449	0.142	0.079
CF	0.369	−2.614	4.294	0.889	0.275
GR	0.052	−0.632	0.458	0.125	0.052
CE	0.054	0	0.254	0.054	0.039
IE	0.069	0	0.349	0.441	0.071
AGE	2.674	1.004	3.621	0.429	3.106

（二）企业创新“同群效应”的特征事实

如表6-3所示，由列（1）和列（2）可知，企业创新投入和创新产出都会受到同行业企业均值的显著影响，*ISD* 和 *ILP* 的系数均在5%的水平下显著为正，说明同行业企业的研发投入强度和专利申请数对焦点企业的创新行为产生重要影响。由列（3）和列（4）可知，同区域企业的创新投入强度与焦点企业创新投入强度的系数不显著，说明焦点企业在投入强度方面不受同区域企业影响，但是在专利申请数方面具有显著的同群效应，ALP 的系数在 10% 的水平下显著为正，说明同地区企业的专利申请数对焦点企业的专利申请数具有显著的正向影响。由列（5）和列（6）可知，无论是在研发投入强度还是在专利申请数方面的企业创新行为都具有显著的社会网络同群效应，NSD 和 NLP 系数分布在 1% 和 5% 的水平下显著为正，说明处于同一社会网络企业的创新行为具有显著的同群效应。综上，湖南省上市公司创新存在行业同群效应和社会网络同群效应，地区同群效应只在专利申请数方面具有同群效应。假设 6-1 基本得到验证。

表 6-3　湖南省上市公司创新发展的同群效应（$N=716$）

	行业同群效应		地区同群效应		社会网络同群效应	
	（1）	（2）	（3）	（4）	（5）	（6）
	SD	LP	SD	LP	SD	LP
ISD	0.121** (9.48)	—	—	—	—	—
ASD	—	—	0.041 (0.11)	—	—	—
NSD	—	—	—	—	0.419*** (3.12)	—
ILP	—	0.064** (2.23)	—	—	—	—
ALP	—	—	—	0.023* (0.01)	—	—
NLP	—	—	—	—	—	0.021** (1.45)
SIZE	0.25*** (4.81)	0.26*** (4.91)	0.26*** (4.84)	0.18*** (5.53)	0.18*** (5.46)	1.21** (4.81)
LEV	-4.08 (-0.25)	-4.4 (-0.25)	-4.05 (-0.26)	-4.06 (-0.62)	-4.08 (-0.62)	-4.68 (-0.25)

续表

	行业同群效应		地区同群效应		社会网络同群效应	
	（1）	（2）	（3）	（4）	（5）	（6）
	SD	LP	SD	LP	SD	LP
ROA	0.08 (0.06)	0.09 (0.13)	0.08 (0.14)	0.05 (0.14)	0.06 (0.17)	0.08 (0.56)
CF	0.03 (0.08)	0.04 (0.08)	0.03 (0.08)	0.02 (0.07)	0.03 (0.09)	0.13 (0.78)
GR	0.01** (38.61)	0.01*** (38.60)	0.01*** (38.63)	−0.18*** (−5.53)	−0.18*** (−5.46)	0.02** (5.01)
CE	−0.22* (−5.73)	−0.28* (−5.83)	−0.21* (−5.75)	−7.4126 (−0.62)	−7.4213 (−0.62)	−0.21* (−6.41)
IE	−0.39* (−3.46)	−0.41* (−3.47)	−0.38* (−3.43)	−0.1132** (−3.01)	−0.0963** (−3.03)	−0.11* (−1.49)
AGE	−0.044** (−11.42)	−0.042** (−9.42)	−0.041** (−8.42)	−0.043** (−9.42)	−0.041** (−8.61)	−0.040** (−7.93)
年份固定效应	是	是	是	是	是	是
行业固定效应	—	—	是	是	是	是
F 值	154.63	152.43	89.44	85.47	249.11	241.96
调整 R^2	0.421	0.399	0.261	0.262	0.192	0.193

注："***""**""*"分别表示1%、5%、10%显著性水平。

（三）企业创新"同群效应"的驱动因素

如表6-4所示，由列（1）和列（2）可知，企业所处行业结构对焦点企业的研发投入强度差异和专利申请数差异均具有显著性影响，回归系数均在5%的显著性水平下显著为正，说明市场结构竞争越激烈，企业创新的同群效应越显著，假设6-2得到验证。由列（3）和列（4）可知，制度环境对企业研发投入强度和研发产出的同群效应均产生显著性影响，回归系数均在5%的水平下显著为正，说明当企业所处地区政府对创新投入比较多时，企业创新的地区同群效应越显著，假设 6-3 得到验证。由列（5）和列（6）可知，企业所处网络位置对其是否模仿同网络企业的创新行为具有显著性影响，回归系数均在 1% 的水平下显著为正，即当企业所处网络中心位置越高时其创新行为受到同网络企业的影响越大，说明企业创新的同群效应在网络中心度位置越高的企业中越显著，假设 6-4 得到验证。

表 6-4　湖南省上市公司创新发展同群效应的驱动因素（$N=716$）

	行业同群强度		地区同群强度		社会网络同群强度	
	（1）	（2）	（3）	（4）	（5）	（6）
	RISD	RILP	RASD	RALP	RNSD	RNLP
STR	0.024** (2.48)	0.581** (4.18)	—	—	—	—
GSD	—	—	0.89** (1.09)	0.041** (3.24)	—	—
DE	—	—	—	—	0.846*** (3.124)	0.219*** (11.29)
SIZE	1.87*** (4.15)	1.29*** (4.12)	1.48*** (3.69)	12.11*** (5.48)	9.3486 (0.26)	9.8359 (0.27)
LEV	−7.51 (−0.25)	−7.12 (−0.25)	−4.16 (−0.26)	−3.29 (−0.62)	0.42 (0.35)	0.40 (0.33)
ROA	0.61 (0.07)	0.59 (0.93)	0.60 (0.91)	0.59 (0.91)	−2.60 (−0.27)	−2.44 (−0.26)
CF	2.02 (0.12)	2.14 (0.08)	2.89 (0.09)	2.16 (0.07)	−0.76 (−0.01)	−1.30 (−0.02)
GR	0.19*** (24.36)	0.19*** (28.17)	0.21*** (30.33)	−0.19*** (−4.31)	0.002*** (11.51)	0.002*** (11.45)
CE	−0.42* (−5.73)	−0.44* (−5.83)	−0.43* (−5.75)	−0.47 (−0.62)	−1.13* (−2.93)	−1.14 (−0.2.19)
IE	−0.65* (−2.14)	−0.64* (−2.47)	−0.65* (−2.56)	−0.72** (−3.09)	9.3486 (0.26)	9.8359 (0.27)

续表

	行业同群强度		地区同群强度		社会网络同群强度	
	（1）	（2）	（3）	（4）	（5）	（6）
	RISD	*RILP*	*RASD*	*RALP*	*RNSD*	*RNLP*
AGE	-0.044** (-1042)	-0.042** (-10.11)	-0.032** (-8.42)	-0.032** (-9.42)	-0.026** (-7.61)	-0.026** (-7.53)
年份固定效应	是	是	是	是	是	是
行业固定效应	—	—	是	是	是	是
F 值	154.63	152.43	89.44	85.47	249.11	241.96
调整 R^2	0.241	0.214	0.13	0.14	0.29	0.29

注："＊＊＊""＊＊""＊"分别表示1%、5%、10%显著性水平。

（四）稳健性检验

本章采用以下方法进行了稳健性检验。一是用研发投入规模和发明专利授权数作为研发投入强度和专利申请数的替代变量进行回归检验，除了个别变量的显著性水平有差异之外，其他研究结果基本与前文保持了一致，即湖南上市公司创新存在行业同群效应、地区同群效应和社会网络同群效应，且这种同群效应分别受到行业结构、制度环境以及社会网络中心度的影响。二是考察制度环境的影响时，将研究样本调整至以地市州作为地区同群效应的测度（剔除样本数少于5的地市州），发现上市公司创新的研发强度不存在地区同群效应，专利申请数存在地区同群效应，说明本章的研究结论具有较好的稳健性。三是考察社会网络中心度影响差异时，使用前文提到的亲密中心度（*CI*）、中介中心度（*BE*）和特征向量中心度（*EI*）等变量作为替代变量，实证结论未发生明显变化。说明上市公司社会网络的中心度越高，联结数量越多、联结质量越好、联结路径越短，企业创新的社会网络同群效应越显著。

四 本章小结

通过以上研究，可以得出如下结论：湖南省上市公司的创新行为存在显著的同群效应，并且这种同群效应同时表现为行业同群、地区同群和社会网络同群三个方面，尤其是社会网络同群效应非常显著。另外，从驱动因素来看，不同类型同群效应受到不同因素的影响。其中，行业结构对行业同群效应具有显著性影响，即湖南省上市公司创新的行业同群效应在竞争性市场结构中更为显著。政府对企业创新资金的支持效应会显著影响地区同群效应，地区政府对企业研发投入资金支持越多，地区同群效应越显著。影响社会网络同群效应的驱动因素为企业所处网络中心度，上市公司社会网络的中心度越高，联结数量越多、联结质量越好、联结路径越短，企业创新的社会网络同群效应越显著。

本研究具有如下现实意义：一是对企业创新管理而言，管理层在制定创新决策时可以参照和学习同群企业的创新决策，以降低创新成本、提升创新效率；二是社会网络位置能够为企业带来更多的信息优势，网络影响力大的企业能够为企业带来更多信息优势，可以有效帮助企业提升竞争力，且这种社会网络同群效应依赖企业联结关系，因此，网络中心位置的企业应该起到模范带头作用，积极开展创新实践，带动其他企业共同创新；三是行业结构特征和制度环境是影响企业同群效应的重要驱动因素，政府部门应致力于优化营商环境和加大对企业创新的支持力度，针对特定行业和特定地区制定促进政策以充分发挥创新的行业同群和地区同群效应，充分释放区域创新发展动力。

本研究仍然存在一些不足之处，如未能有效识别不同类型同群效应之间是否存在叠加影响以及不同高管带来的社会网络中心度对上市公司创新同群效应的差异化影响，后续研究将进一步更新研究方法，深入考察这种叠加影响和差异化影响。

第七章　国家层面促进上市公司创新发展的政策[*]

上市公司是我国国民经济中最具影响力和最优秀的企业群体之一，肩负着推动高质量发展和实现现代化的历史使命。中国上市公司协会发布的 2023 年 12 月统计月报显示，截至 2023 年 12 月 31 日，境内股票市场共有上市公司 5346 家，沪、深、北证券交易所分别为 2263 家、2844 家、239 家（姚均芳，2024）。A 股上市公司在规模和数量不断增长的同时，质量也得到明显提升，一大部分上市公司已经发展成为各行各业中的"领头羊""扛把子"，具备带领整个行业走上创新发展之路的能力。中国上市公司协会统计数据显示，2023 年上市公司全年研发投入合计 1.6 万亿元，整体研发强度为 2.21%（赵展慧，2024）。我国上市公司持续增加研发投入，加快培育新质生产力，支持未来产业布局。2023 年，国有控股上市公司研发投入 0.77 万亿元，在研发投入前 100 家公司中占据 61 席。民营上市公司持续迸发创新活力，整体研发强度达 3.75%（参见《中上协：2023 年我国上市公司研发投入 1.6 万亿元》），高于市场平均水平。截至 2023 年底，境内上市公司累计披露专利数量超 140 万个，较上年增长 17% 以上。研发投入持续保持高水平增长，使上市公司的内生增长动力不断增强，促进了科技成果转化和产业化水平不断提升。

---

[*] 本章作者为郭晓（湖南科技大学湖南创新发展研究院讲师）。

近年来，国家层面持续出台各项利好政策及配套措施，在新征程中为实现上市公司创新发展提供了强有力的政策支持。

一 质量强国战略，为上市公司创新发展做好顶层设计

2023 年 2 月，中共中央、国务院印发《质量强国建设纲要》，指出进入新发展阶段，面对新形势新要求，必须把推动发展的立足点转移到提高质量和效益上来，培育以技术、标准、品牌、质量、服务等为核心的经济发展新优势，推动中国制造向中国创造转变、中国速度向中国质量转变、中国产品向中国品牌转变，坚定不移推进质量强国建设。2022 年 11 月，证监会制定下发《推动提高上市公司质量三年行动方案（2022—2025）》，在优化制度规则体系、公司治理等 8 个方面制定了落实举措。上海证券交易所随即制定了《推动提高沪市上市公司质量三年行动计划》和《中央企业综合服务三年行动计划》，深圳证券交易所也制定相关落实工作方案。在一系列政策指导下，我国上市公司质量持续提升，结构面貌发生积极变化，在提升公司治理能力、规范发展等方面迎来新进展，上市公司高质量发展已迈上新台阶。建设质量强国，上市公司有能力起到示范引领作用。随着全面注册制落地和 A 股上市公司数量不断增多，上市公司在实体经济中的占比正持续增加，有能力引领中国经济走上高质量发展之路。上市公司自身既要获得持续发展的动力，也要认清提高上市公司质量永远在路上这一现实。面对内外部环境的不确定性，上市公司经营要更加稳健，围绕核心业务、核心专长、核心市场、核心客户，构筑核心竞争力，让企业成为行业龙头或细分领域的头部企业，增强其持续影响力。

（一）国有上市公司高质量发展

党的十八大以来，为适应我国经济由高速增长阶段转向高质量

发展阶段新的形势要求，中央企业完整、准确、全面贯彻新发展理念，更加突出高质量发展要求，持续深入推进提质增效工作。中央企业高质量发展导向鲜明树立，综合实力和经营效益不断迈上新台阶，世界一流企业建设取得显著成效，为国民经济平稳健康发展提供了强有力的支撑。国务院国资委印发《提高央企控股上市公司质量工作方案》，对提高央企控股上市公司质量工作做出部署，从推动上市平台布局优化和功能发挥、促进上市公司完善治理和规范运作、强化上市公司内生增长和创新发展、增进上市公司市场认同和价值实现等四个方面，提出 14 项具体举措，并将上市公司发展质量纳入中央企业负责人经营业绩考核。纵深推进国企改革，全面建设并贯彻落实国企改革"1+N"文件体系（见表 7-1），深入实施国企改革三年行动计划，国有企业改革实现了历史性突破，有力破解了一批体制机制障碍，有效解决了一批长期想解决而没有解决的问题，大幅提升活力效率，在许多重要领域和关键环节实现系统性重塑、整体性重构，涌现出一批活力竞相迸发、动力更加充沛的现代新国企。根据 WIND 统计，截至 2023 年 8 月，境内国有控股上市公司总数为1391 家，占全市场上市公司总数的 26.38%，总市值为 381316.74 亿元，占 A 股总市值的 46.92%。在市值前 100 名的公司中，61% 为国有控股上市公司。在市值超万亿元的 5 家上市公司中，前 4 家是国有控股上市公司（宋志平，2023）。其中国资央企将不断健全中国特色现代企业制度，加快建立灵活高效的市场化经营机制，提升企业核心竞争力、增强企业核心功能，打造具有全球竞争力的世界一流企业。要着力推动国有企业在中国式现代化中扛起新的使命责任。国资央企将把发展的着力点放在实体经济上，着力从速度规模型向质量效率型发展转变，进一步加大关键核心技术攻关力度，加快推进国有经济布局优化调整，积极服务国家重大战略，在建设现代化产业体系、构建新发展格局中，切实发挥好科技创新国家队、产业发展领头羊、安全支撑主力军作用。要着力推动中国式现代化的成果惠及全体人民。国资央企将积极助力保障和改善民生，让国有企业改革发展成果由全体人民共享。

表 7-1　2015 年以来关于国企改革出台的政策、文件

时间	发文单位	文件或政策表述
2015 年 8 月	中共中央办公厅	《中共中央　国务院关于深化国有企业改革的指导意见》
2015 年 9 月	国务院	《关于国有企业发展混合所有制经济的意见》
2018 年 8 月	国务院	《国企改革"双百行动"工作方案》
2019 年 4 月	国务院	《改革国有资本授权经营体制改革方案》
2020 年 6 月	中央全面深化改革委员会	《国企改革三年行动方案（2020—2022年）》
2022 年 5 月	国务院国资委	《提高央企控股上市公司质量工作方案》

资料来源：中国政府网。

（二）民营上市公司高质量发展

党的十八大以来，习近平总书记高度重视民营经济的高质量发展，指出要鼓励和支持民营经济和民营企业发展壮大，提振市场预期和信心（参见《人民日报》2023 年 3 月 7 日文章《正确引导民营经济健康发展高质量发展》）。习近平总书记在参加全国政协十四届一次会议的民建、工商联界委员联组会时发表了重要讲话，指出高质量发展对民营经济发展提出了更高要求（参见《人民日报》2023 年 3 月 7 日文章《正确引导民营经济健康发展高质量发展》）。民营企业要践行新发展理念，深刻把握民营经济发展存在的不足和面临的挑战，转变发展方式，调整产业结构，转换增长动力，坚守主业、做强实业，自觉走高质量发展道路。有能力、有条件的民营企业要加强自主创新，在推进科技自立自强和科技成果转化中发挥更大作用。要激发民间资本投资活力，鼓励和吸引更多民间资本参与国家

重大工程、重点产业链供应链项目建设，为构建新发展格局、推动高质量发展做出更大贡献。2023 年 7 月，《中共中央　国务院关于促进民营经济发展壮大的意见》指出引导民营企业通过自身改革发展、合规经营、转型升级不断提升发展质量，促进民营经济做大做优做强。

民营经济是推进中国式现代化的生力军，是高质量发展的重要基础，是推动我国全面建成社会主义现代化强国、实现第二个百年奋斗目标的重要力量。民营经济的发展提升了我国整体科技创新能力，推动了技术进步与社会发展，加快了我国创新型国家的建设进程。从市值分布情况来看，截至 2023 年 8 月 2 日，全部 A 股上市公司中，民营公司数量为 3501 家，占 A 股上市公司数量的 66.79%（见每日经济新闻网）。民营经济是国家高质量创新体系的关键部分。我国社会主义市场经济的高质量发展离不开高质量的创新体系，创新驱动发展战略是对新形势下发掘民营经济发展动能以及确立创新方向的关键指引。

二　科技强国战略，为上市公司创新发展提供核心竞争力

党的十八大以来，我国深入实施创新驱动发展战略，坚定不移走中国特色自主创新道路，加快建设科技强国，着力构建以企业为主体、市场为导向、产学研相结合的技术创新体系，突出强调要提高大中型企业核心竞争力，支持小微企业特别是科技型小微企业发展。党的十九大报告进一步对建设科技强国做出了系统性战略部署，提出要加强国家创新体系建设，强化国家战略科技力量。同时，指出要通过深化科技体制改革，深化国有企业改革，培育具有全球竞争力的世界一流企业，支持民营企业发展，激活各类市场主体活力。党的十九届五中全会和国家"十四五"规划进一步提出"坚持创新

在我国现代化建设全局中的核心地位，把科技自立自强作为国家发展的战略支撑"的战略布局，对进一步强化企业创新主体地位，完善企业创新服务体系，激发企业创新活力，全面提升企业自主创新能力提出新目标。

党的二十大对加快培育科技领军企业，支持科技领军企业打造原创技术策源地，加强国家战略科技力量，加快构建龙头企业牵引、高校院所支撑、各创新主体相互协同的创新联合体，推动大中小企业融通创新，保障重要产业链供应链安全稳定和创新发展提出了新要求、新任务。上市公司已经成为科技创新的主力军，一些关键技术领域实现重大突破，原创技术不断涌现，在落实创新驱动发展战略、推动经济转型升级中的引领作用更加凸显。数据显示，上市公司在引领创新上发挥的作用日益突出。上市公司作为行业龙头，应积极集聚创新要素和资源，组建创新联合体，强化重大科技创新平台建设，加快产业链创新链深度融合，培育壮大安全可靠、具有国际竞争力的产业生态，努力突破关键核心技术难题，在重点领域、关键环节实现自主可控，加速实现产业基础高级化、产业链现代化。

党的十九届五中全会明确提出"坚持创新在我国现代化建设全局中的核心地位"，党的二十大报告指出"加快实现高水平科技自立自强"，习近平总书记主持二十届中共中央政治局第二次、第三次集体学习会议时连续提到"科技自立自强"。上市公司多是行业的领军企业，又占据资本市场高地，要承担起排头兵的作用，成为创新发展的探索者、组织者、引领者。上市公司要面向世界科技前沿、面向经济主战场、面向国家重大需求、面向人民生命健康，在自主研发上加倍努力，聚焦重点领域和关键环节，加大创新投入，掌握一批前沿技术、生产一批核心部件、推出一批高端产品、形成一批中国标准，加快培育竞争新优势，建立与新发展格局相匹配的上市公司产业结构。2020年，上海、深圳两市共有3828家上市公司披露研发费用投入情况，研发费用总计高达10119.98亿元，较2019年的

8992.88 亿元增长 12.53%。其中，报告期内实现研发费用同比增长超 10% 的公司有 1805 家。与此同时，2021 年第一季度，上海、深圳两市共有 3762 家上市公司披露研发费用投入情况，研发费用总计高达 2002.28 亿元，比 2020 年第一季度的 1393.04 亿元增长 43.73%。科创板、创业板总研发投入超 1300 亿元（丁玲，2021）。

与此同时，科创板、创业板正成为创新产业的集聚地，相关上市公司"创新基因"显著，"两板"总研发投入超 1300 亿元。据上海证券交易所统计，科创板公司 2020 年全年合计投入研发金额 384.18 亿元，同比增长 22.61%。深圳证券交易所数据则显示，2020 年创业板公司总研发投入 983 亿元，同比增长 12%，研发费用成为检验上市公司成色的"试金石"。在新增专利方面，据上海证券交易所统计，科创板公司全年合计新增知识产权 16300 项，其中发明专利达到 4500 项；深圳证券交易所数据显示，创业板公司拥有与主营相关的核心专利技术 11 万余项，近六成公司的产品和技术实现了进口替代，解决了一批"卡脖子"技术难题（罗逸姝，2021）。在科研成果方面，一批信息技术、高端装备制造、生物医药等领域的上市公司正积极为数字经济建设、产业高精尖发展以及健康中国战略服务。提升创新能力，切实增强科技"含量"，上市公司正在成为原始创新和新兴技术的重要发源地，引领经济转型升级。

三　制造强国战略，为上市公司创新发展提供强劲动力

制造业是立国之本、强国之基。我国作为制造大国，高端制造业的发展意义重大，是巩固国家安全、不断驱动经济高质量发展的"强引擎"。2015 年，国务院印发《中国制造 2025》，这是我国实施制造强国战略第一个十年的行动纲领。工业和信息化部决定自 2015 年启动实施智能制造试点示范专项行动，以促进工业转型升级，加

快制造强国建设进程。2021 年，工业和信息化部等 8 部门联合对外发布的《"十四五"智能制造发展规划》提出，到 2025 年，规模以上制造业企业大部分实现数字化网络化，重点行业骨干企业初步应用智能化；到 2035 年，规模以上制造业企业全面普及数字化网络化，重点行业骨干企业基本实现智能化。

在政策的推动下，智能制造正深刻改变着中国制造的面貌。据《中国高端制造业上市公司白皮书 2022》，截至 2022 年底，我国已建成 2100 多个高水平的数字化车间和智能工厂，其中，有 209 家示范标杆工厂；培育了 6000 多家系统解决方案供应商，建成具有一定区域和行业影响力的工业互联网平台 248 家，重点平台工业设备连接数超过 8000 万台（套）。中国上市公司协会发布的《中国高端制造业上市公司发展报告 2023》显示，截至 2023 年 9 月，我国 A 股制造业上市公司数量达到 3537 家，占 A 股全部上市公司总数的 67%。其中，高端制造业上市公司数量达到 2021 家，占 A 股制造业上市公司总数的 57%。近年来，得益于政策支持和我国产业结构转型升级的历史机遇，高端制造业上市公司数量持续增加。半导体、高端机械制造行业蓬勃发展，风电、光伏、储能、新能源智能汽车、交通装备电气化等行业上市公司迎来高速发展。2022 年，我国高端制造业上市公司收入规模达到 13.16 万亿元，2022 年之前的 5 年复合增长率为 14.97%，收入增速显著高于 GDP 增速，这表明高端制造业上市公司正处于快速发展的上升期，同时也成为拉动我国经济增长的新动力之一。2022 年，高端制造业上市公司实现净利润 8750.81 亿元，同比增长 7.49%，2022 年之前的 5 年复合增长率为 25.52%，盈利水平快速提升。2022 年之前的 5 年高端制造业上市公司整体净利润率由 4.68% 增长至 6.65%，盈利能力整体有较大提升，表明我国高端制造业的核心竞争力不断增强，行业展现较强发展活力。我国高端制造业上市公司的收入及利润规模持续增加，盈利能力整体有较大提升，既反映出高端制造业作为我国制造业的核心，其竞争力正在不断增强，也说明了我国资本市场服务实体经济、推动经济转型升级的功能得到进一步提升。随着行业规模扩大，2022 年我国高端制造业上市公司税收贡献达到 2147.98 亿元，2022 年之前的 5 年复合增长率为 10.55%，为社会做出了重大贡献。与此同时，高端制造业上市公司员工人数达到 885 万人，2022 年之前的 5 年复合增长率为 9.83%，吸纳了大量技术人才。

2023 年 5 月 5 日，国务院常务会议审议通过《关于加快发展先进制造业集群的意见》，并指出发展先进制造业集群，是推动产业迈向中高端、提升产业链供应链韧性和安全水平的重要抓手。强化科技创新策源，大力支持先进制造业集群发展，不断塑造中国制造业新的竞争优势。在推动我国制造业高质量发展的道路上，科创板支持一大批具有关键核心技术和行业示范效应的标杆企业以及处于产业链"卡脖子"领域的专精特新企业陆续上市，为制造业企业成长提供强有力的支撑，成为产业链高质量发展的"助推器"。科创板持续打造"小巨人"矩阵，支持专精特新企业在短板领域加快突破，在优势领域做大做强。

四　全面注册制改革，为上市公司创新发展提供制度保障

党中央高度重视股票发行注册制改革。2013 年 11 月，党的十八届三中全会通过了《中共中央关于全面深化改革若干重大问题的决定》，明确提出推进股票发行注册制改革。2018 年 11 月 5 日，在首届中国国际进口博览会上宣布设立科创板并试点注册制。此后，以设立科创板并试点注册制为突破口，从增量试点到存量扩围再到全市场推开，走出了一条渐进式改革的路子。2023 年 2 月 1 日，中国证监会就全面实行股票发行注册制主要制度规则向社会公开征求意见。至 2023 年 2 月 1 日，A 股已有 1004 家注册制公司。发展至今，

注册制已经得到充分实践，市场参与各方也积攒了充足的经验，实行全面注册制已具备充分的条件。

根据我国国情和资本市场所处的发展阶段，针对注册制实施了一场渐进性的改革。按照"尊重注册制基本内涵、借鉴全球最佳实践、体现中国特色和发展阶段特征"原则，形成了从科创板到创业板再到全市场的"三步走"注册制改革布局，探索形成符合我国国情的注册制框架。发行等关键制度创新，大幅提高了资本市场对实体经济的包容性和适应性，有力支持了科技创新发展。近五年来，科创板、创业板支持的创新企业在不同行业形成集聚效应，涌现出一批创新"领跑者"和产业"排头兵"。紧紧围绕服务实体经济高质量发展，多层次资本市场体系不断完善，通过 IPO、转板、并购重组加强创业板与企业的有机联系，打通企业成长壮大的市场通道。

深化注册制改革不仅是发行领域的改革，更是涉及市场入口与出口、一二级市场、投融资、市场板块、监管执法等各领域全链条的改革。目前，证监会聚焦高质量发展、建设中国特色现代资本市场系统工程，初步形成了"1+N+X"的政策框架（见表 7-2）。继续深化退市制度改革、完善市场优胜劣汰机制也是深化注册制改革的一大重点。此外，优化多层次资本市场关系也是发挥好注册制功效的重要方面。要提升多层次资本市场的包容性，推动区域性股权市场建设，以北京证券交易所转板机制为枢纽，加快多层次资本市场转板通道建设。在推动股票发行注册制走深走实的新阶段，落实中央金融工作会议提出的"全面强化机构监管、行为监管、功能监管、穿透式监管、持续监管"要求，继续推进监管转型，坚决消除监管空白和盲区，牢牢守住风险底线，这也是适应注册制走深走实的内在需要。全面注册制改革拓展了中国资本市场广阔的发展空间，将更好发挥市场资源配置功能，推动更多优质、长期、耐心的资金活水流向重点领域和薄弱环节，畅通科技、资本与实体经济的良性循环，为我国实体经济高质量发展注入更为强劲的动力。全面注册制能够提高已上市公司的质量，通过优化再融资和并购重组的相关规定，上市公司有了更大的运作空间，且效率更高，成本更低。全面注册制充分发挥了市场对上市公司的评价引领和约束作用，提高了监管效率，让审核更加柔性、更加充分，同时压实了各中介机构的法律责任。这些举措，有利于提升上市公司管理水平。

表 7-2　"1+N+X" 的政策框架

时间	改革内容
2013 年 11 月	党的十八届三中全会提出，推行股票发行注册制改革
2015 年 12 月	全国人大授权国务院进行注册制改革
2019 年 1 月	中央全面深化改革委员会第六次会议审议通过《在上海证券交易所设立科创板并试点注册制总体实施方案》《关于在上海证券交易所设立科创板并试点注册制的实施意见》
2019 年 7 月	首批科创板 25 家公司上市交易
2019 年 12 月	十三届全国人大常委会第十五次会议表决通过了新修订的《中华人民共和国证券法》、新修订的证券法明确全面推行注册制
2020 年 4 月	创业板注册制首批 18 家企业上市交易
2021 年 9 月	北京证券交易所开市，实行注册制
2021 年 12 月	中央经济工作会议指出，将"全面实行股票发行注册制"
2023 年 2 月	中国证券监督管理委员会就全面实行股票发行注册制主要制度规则向社会公开征求意见

资料来源：据中国证券监督管理委员会网站整理。

五　建立全国统一大市场，为上市公司创新发展增强市场活力

2022 年 3 月发布的《中共中央　国务院关于加快建设全国统一大市场的意见》（以下简称《意见》）明确，在打造统一的要素和资源市场方面，加快发展统一的资本市场。在加快发展统一的资本

市场方面,《意见》提出选择运行安全规范、风险管理能力较强的区域性股权市场,开展制度和业务创新试点,加强区域性股权市场和全国性证券市场板块间的合作衔接。同年党的二十大报告明确提出"构建全国统一大市场,深化要素市场化改革"(习近平,2023a)。要在全国统一大市场中高效配置资本要素,资本市场的重要性不言而喻,其也应该是一个统一的市场。资本市场的统一包括区域性股权市场与高层次资本市场对接,债券市场统一等,需要统一布局,整体规划。

金融机构是全国统一大市场建设的直接参与者,金融标准是金融业健康发展的重要支撑。统一的全国市场体系下,应加强多层次资本市场体系对各类市场主体的分类支持。资本市场对龙头企业转型发展要从聚焦于做大向聚焦于做强转变,将龙头企业培育为各行业规模大、实力厚、有特色、创新强的能代表中国一流水平的世界前列的优质企业。

上市公司是市场经济建设发展的重要参与者,与"统一大市场"相关的信息被频繁写进上市公司年报、投资者关系活动记录表、董事会工作报告等,所涉及的行业有物流、电力、零售百货、金融、汽车等。可以说,这些行业的上市公司已经走在了研究落实政策的前列。首先,上市公司应理顺公司业务可能涉及统一大市场建设的关键环节。其次,面对统一大市场,上市公司要讲清楚企业的核心竞争力。在建设全国统一大市场的过程中,企业需要把握机遇,持续做优信息披露。先要讲清楚企业的核心竞争力和竞争优势。过去部分地区地方保护主义盛行概因物流不通畅、供应链不发达、数字化不完善以及互联网不通达,形成了自我封闭的小市场、小循环。这些小循环平时被掩于经济繁荣的光辉下,在经济承压时则会暴露弊端,不利于全国经济的高质量发展。上市公司作为各行业的头部企业,应充分发挥竞争优势,助力疏通经济循环中的堵点。

六　深化金融体制改革，为上市公司
创新发展保驾护航

党的十八大以来，在以习近平同志为核心的党中央坚强领导下，我国坚定不移走好中国特色金融发展之路，持续推动金融事业高质量发展。在习近平经济思想指引下，各地各部门持续深化金融供给侧结构性改革，稳步扩大金融开放，统筹发展与安全，牢牢守住不发生系统性风险的底线，合力推进中国金融改革发展事业稳健前行。党的二十大报告指出，"深化金融体制改革，建设现代中央银行制度，加强和完善现代金融监管，强化金融稳定保障体系，依法将各类金融活动全部纳入监管，守住不发生系统性风险底线。健全资本市场功能，提高直接融资比重"（习近平，2023a）。中国证监会召开党委（扩大）会议，传达学习中央金融工作会议精神，研究贯彻落实措施。要健全多层次市场体系，支持上海、深圳证券交易所建设世界一流交易所，高质量建设北京证券交易所，促进债券市场高质量发展。要更加精准有力支持高水平科技自立自强，建立健全针对性支持机制，引导私募股权创投基金投早投小投科技。要大力提高上市公司质量，优化再融资和并购重组机制，巩固深化常态化退市机制，支持上市公司转型升级、做优做强。要加强行业机构内部治理，回归本源，稳健发展，加快培育一流投资银行和投资机构。

近年来，金融部门持续加大对制造业、科技创新、小微企业、乡村振兴、绿色发展等领域的支持力度，促进金融资源向重点领域和薄弱环节倾斜。组建中央金融委员会、组建中央金融工作委员会、组建国家金融监督管理总局、深化地方金融监管体制改革、将中国证券监督管理委员会调整为国务院直属机构。金融领域制度改革持续发力，设立科创板并试点注册制，支持和鼓励"硬科技"企业上市；创业板改革并试点注册制，不断改进对创新创业企业的支持和服务；设立北京证券交易所，打造服务创新型中小企业主阵地。扩大金融开放，启动沪深港通、沪伦通、内地与香港债券通、互换通，将中国债券纳入全球三大债券指数，放开外资金融机构在华持股比例限制，大幅扩大外资金融机构业务范围。

第八章　省级层面促进上市公司
创新发展的政策*

　　根据同花顺 iFinD 数据，截至 2023 年 11 月，A 股上市公司总数量达 5275 家。从 A 股上市公司数量看，广东与江浙两省组成了无可争议的第一梯队，3 个省份上市公司数量都在 600 家以上，其中广东拥有 A 股上市公司 869 家，居全国第一。浙江拥有 693 家，略领先江苏（684 家），排名全国第二。北京、上海与山东组成第二梯队，其中北京拥有 A 股上市公司 466 家，仅次于粤江浙 3 省，排名全国第四。上海比北京少 31 家，排名全国第五。山东也已经超过 300 家，排名第六。第 3 梯队的 6 个省市，A 股上市公司数量都在 110 家以上。其中安徽、四川与福建 3 省都已经超过 170 家。特别是安徽，在数量方面力压湖南、湖北，位居中部第一。湖北与湖南也都超过了 140 家，也在力争全国前 10 的位置。只有河南略微落后一些，目前拥有上市公司 110 家。其他省份 A 股上市公司数量都在 100 家以下，其中江西、辽宁与陕西 3 省在 80 家以上，未来几年有望冲击拥有 100 家上市公司的目标。河北、重庆与天津则都在 70 多家，基本处于中游位置。2022 年以来，多地提出企业上市倍增计划，旨在促进属地上市公司数量和质量双提升。

---

　　* 本章作者为郭晓（湖南科技大学湖南创新发展研究院讲师）。

一 典型省份的经验措施

（一）多地制定了企业上市或拟上市企业资源库目标

2019年7月，上海市经济和信息化委员会印发的《上海市智能制造行动计划（2019—2021年）》提出，到2021年，培育10家科创板上市企业。2017年8月，广东省科技厅发布的《广东省促进科技企业挂牌上市专项行动方案》提出，力争到2020年末，全省在主板、中小板、创业板上市的科技企业数量超450家。广东的两个一线城市——广州和深圳也提出了企业上市或拟上市企业目标。2023年，广州市地方金融监督管理局印发的《关于加快推进企业上市工作的实施意见》提出，争取用3年时间，推动新增境内外上市公司30家。其中，新增上交所科创板、深交所创业板上市公司20家。浙江2018年政府工作报告提出，全面推进市场主体转型升级，深入实施企业上市和并购重组"凤凰行动"计划，力争到2022年全省境内外上市公司达到1000家。2017年，江苏发布的《关于积极稳妥降低企业杠杆率的实施意见》提出，到2020年，全省境内外上市公司超过550家。2018年，山东发布的《关于进一步运用资本市场助推全省新旧动能转换的若干意见》提出，到2020年，全省上市公司累计超过400家。2018年，湖北发布的《关于进一步推进企业上市工作的意见》提出，力争到2022年末，通过5年左右的时间，全省境内外各类上市公司总数达到200家左右，实现上市公司数量倍增。

2018年，重庆印发的《提升经济证券化水平行动计划（2018—2022年）》提出，到2022年底，实现全市境内外上市公司数量倍增目标，新增境内外上市公司70家，达到140家，新增IPO申报公司100家，新增辅导备案公司200家，新增以上市为目标的股改公司350家，形成充足的拟上市资源梯队，证券化率超过全国平均水平。

（二）各地纷纷出台企业上市和补贴政策

2018 年，北京市发布《关于进一步支持企业上市发展的意见》，大力支持北京辖区企业发展上市。其中，明确指出要加强上市资金补贴支持，市级财政给予每家拟上市企业总额不超过 300 万元的资金补贴，区级财政资金补贴不低于市级标准，即北京市、区两级财政给企业的上市补贴合计最高可达 600 万元。2018 年，上海市徐汇区发布《关于建设人工智能发展新高地打造徐汇高质量发展新引擎的实施办法》，文件显示，徐汇区将大力支持发展人工智能产业，支持开展基础芯片、通用操作系统、核心算法及智能传感等应用技术研发，推动医疗健康、智能安防、智能芯片设计等重点领域取得突破，优先支持国家急需的能填补国内空白的关键核心技术。经认定，可给予落地项目建设单位不超过项目总投资 50% 且每年最高不超过 2000 万元的补贴。2018 年，安徽省出台了《关于大力促进民营经济发展的若干意见》，该意见提出了对登陆科创板上市的民营企业给予支持，将设立规模 100 亿元以上的民营企业纾困救助基金，增加龙头产业、就业大户、战略性新兴行业等关键重点民营企业流动性。安徽还将新增 10 亿元设立中小企业发展专项资金、减税降费和缓解融资难融资贵等 30 条促进民营经济发展意见。对在科创板等境内外证券交易所首发上市民营企业，省级财政分阶段给予奖励 200 万元。2018 年，河南省科技厅要求做好科创板上市后备企业摸排工作，组织辖区内企业填报《上交所科创板后备企业信息收集表》。重点推荐掌握核心技术、市场认可度高，属于高端装备制造、新一代信息技术、新材料、生物医药、新能源、节能环保等产业领域，且达到相当规模的科技创新企业。2018 年，郑州市委、市政府出台了《关于促进民营经济健康发展的若干意见》，明确了促进民营经济发展的 40 条措施。对于在沪深交易所主板（中小板）、科创板、创业板上市以及在境外交易所上市的企业，给予 500 万元奖补；在全国中小企业股转系统（新三板）挂牌的，给予 100 万元奖补；在区域性股权交易市场挂牌的，给予 10 万元奖补。2019 年，江苏省南京市委发布 2019 年市委一号文件《关于深化创新名城建设提升创新首位度的若干政策措施》，提出将充分利用上海科创板，打造瞪羚企业等一批高成长性企业，对在科创板上市的企业，一次性给予 300 万元资助。2019 年，山东省济南市政府出台《济南市加快现代金融产业发展若干扶持政策》，对在上海证券交易所科创板上市挂牌的企业一次性补助 600 万元。对拟上市企业根据上市工作进程分阶段给予扶持补助。按照当前的审核机制，对在中国证监会山东监管局完成报备并正式进入辅导期的拟上市企业，补助 200 万元；中国证监会受理上市申报材料的，补助 200 万元；企业上市成功的，补助 400 万元。新迁入济南市企业 3 年内成功上市的，除享受企业上市各项补助外，另补助 100 万元。

（三）持续加大企业上市培育力度，制定和颁布企业上市行动方案

河北省人民政府办公厅发布的《河北省企业上市行动方案》提出，2023 年，力争全省上市企业数量同比增长 25% 以上，审核期、辅导期企业数量分别同比增长 10%、20% 以上。湖北省则围绕打造中部资本市场高地目标，计划实施资本市场建设"楚天行动"，力争全年新增上市公司 20 家以上，直接融资规模稳步扩大。浙江提出，培育壮大企业梯队，实施新一轮"雄鹰""雏鹰"行动，新增"雄鹰"企业 20 家、世界 500 强企业 1 家、境内外上市公司 50 家、专精特新"小巨人"企业 100 家、单项冠军企业 20 家。2023 年，甘肃省制定了《甘肃省企业挂牌上市行动方案（2023—2025 年）》（以下简称《行动方案》）。《行动方案》包括总体要求、主要措施、保障措施三个部分内容，重点提出加强企业挂牌上市培育、优化企业挂牌上市服务环境、健全企业挂牌上市推动机制、落实企业挂牌上市

激励措施 4 个方面 14 条具体措施。天津市《上市企业三年倍增行动计划》提出了多维度"倍增"目标。一是增量倍增。2023~2025 年，在新增 25 家上市公司的基础上，实现新增 50 家上市公司的倍增目标，最终总数突破 140 家。二是储备倍增。辅导在审企业动态保持在 60 家以上，重点后备企业动态保持在 200 家以上，储备培育企业动态保持在 1000 家以上。三是市值倍增，即全市 A 股上市公司总市值实现倍增。《云南省推动提高上市公司质量三年行动方案（2023—2025 年）》提出，将实施企业上市倍增计划，着力推动新能源、新材料、生物医药、高端装备制造等先进制造业和科技创新型企业、专精特新"小巨人"企业、现代服务业领军企业、文旅康养及交通物流企业等上市。以全省战略性新兴产业和优势产业为重点，围绕建链、强链、延链、补链，分行业支持上市公司开展并购重组，打造行业龙头企业。河南省政府办公厅发布了《河南省推进企业上市五年倍增行动实施方案》，明确提出了全省企业上市五年倍增行动的工作目标，以及 11 项主要任务和 4 项保障措施。力争每年新增境内外上市公司 20 家，实现全省上市公司总数突破 200 家。山西省政府印发《山西省推进企业上市"倍增"计划》，力争到"十四五"末，全省实现新增境内外上市公司 80 家，"新三板"挂牌公司数量突破 150 家，山西股权交易中心"晋兴板"挂牌公司数量突破 1000 家。江西省政府办公厅印发《关于加快推进企业上市的若干措施》，重点推动符合国家产业政策、发展前景好、营利能力强的行业龙头企业在主板上市；积极推动科技型、成长型中小企业在中小板、创业板上市；推动初创型、创新型中小企业在新三板和江西联合股权交易中心挂牌；鼓励旅游、农业、房地产及外向型企业到香港等境外资本市场上市；支持省内大型企业通过重组上市（借壳）等方式进入资本市场。

（四）建设科创金融改革试验区，推进上市公司协同创新发展

为深入贯彻党中央、国务院决策部署，按照《长江三角洲区域一体化发展规划纲要》和《国家创新驱动发展战略纲要》要求，经国务院同意，2022 年 11 月 18 日，中国人民银行、国家发展和改革委员会、科技部、工业和信息化部、财政部、中国银行保险监督管理委员会、中国证券监督管理委员会、国家外汇管理局印发《上海市、南京市、杭州市、合肥市、嘉兴市建设科创金融改革试验区总体方案》（以下简称《总体方案》）。《总体方案》提出，推进上海市、南京市、杭州市、合肥市、嘉兴市科创金融改革，加大金融支持创新力度。《总体方案》提出，畅通科创企业上市融资渠道，鼓励出台更多软件、大数据等领域优质企业在国内上市等利好政策。鼓励科创企业在境内外上市融资及区域性股权市场挂牌，鼓励更多软件、大数据、人工智能等领域优质企业在国内上市。支持试验区内科创企业在上海证券交易所和深圳证券交易所上市，支持符合条件的科创企业在科创板上市，引导更多优质中介机构为科创企业提供专业服务。加强区域性股权市场与全国性证券交易所的有机联系，发挥区域性股权市场在培育企业上市和新三板挂牌中的积极作用，建立市场监管合作及信息共享机制。

上海市、江苏省、浙江省、安徽省等目前已出台了一系列支持优质企业上市的具体举措。2022 年，上海市人民政府印发《上海市助行业强主体稳增长的若干政策措施》，提出支持优质企业上市。鼓励各区对新纳入"浦江之光"科创企业库等并进入上市辅导期的企业，给予必要扶持。鼓励各区加大对企业境内外上市的支持力度，对成功上市的企业给予奖励。江苏省实施上市公司高质量发展行动计划。2021，江苏省地方金融监督管理局、中国证券监督管理委员会江苏监管局印发《江苏省上市公司高质量发展行动计划（2021—2025 年）》，提出到 2025 年底力争全省境内外上市公司总数位于全

国前列，先进制造业和战略性新兴产业上市公司达 200 家，市值百亿元以上的上市公司达 150 家，市值千亿元以上的上市公司达 15 家，股份制改制企业突破 1 万家，拟上市后备企业超过 700 家等目标。并围绕"企业上市培育、产业链供应链'链主'上市企业提升、上市公司规范发展、中介机构优质服务和上市公司高质量发展示范区建设" 5 个方面制定专项行动计划。浙江省实施"凤凰行动"新五年计划。2021 年，浙江省政府发布了《深入实施促进经济高质量发展"凤凰行动"计划》，在巩固深化原有"凤凰行动"计划成果的基础上，提出了"凤凰行动"的新五年计划，即每年动态保有 1 万家以上的股份制企业、1000 家以上的重点上市后备企业和 100 家以上报会企业，力争五年内新增境内外上市公司 350 家，新增资本市场融资 8000 亿元以上。其中，嘉兴市 2022 年 6 月召开全市金融工作会议暨"上市 100"推进会，提出锚定"百""万"上市目标，即到 2025 年上市公司达到 100 家，总市值超过 1 万亿元。安徽省推动实施企业上市"迎客松行动"计划。2022 年 6 月 28 日，安徽省人民政府办公厅发布《安徽省推进企业上市"迎客松行动"计划》，提出力争到 2026 年末，全省上市公司数量较 2021 年末翻一番，达到 300 家以上等目标。并提出加大对创新型小微企业的招引和培育、提升省股权托管交易中心运营水平、采取更加精准的扶持措施等。安徽省财政厅 11 月 22 日发布《省级财政支持多层次资本市场发展奖补办法》，省财政分阶段给予上海证券交易所、深圳证券交易所和北京证券交易所首发上市企业总额 400 万元的奖补。

二　湖南省上市公司创新发展政策

试点注册制以来，湖南省 A 股上市企业量质齐升，引领区域经济高质量发展态势明显。由省地方金融监管局联合财信证券股份有限公司共同编制的《2022 年湖南省上市公司发展报告》发布，湖南省上市公司数量质量双双提升。从"破零倍增"计划到"金芙蓉"跃升行动,到 2023 年末,湖南全省有 A 股上市公司 146 家,居全国第十位、中部第二位。报告显示,2019 年、2020 年、2021 年和 2022 年,湘股总市值分别达到 1 万亿元、1.76 万亿元、2.02 万亿元、1.61 万亿元。2019~2022 年湖南省 A 股上市公司总市值的复合增速达 22.61%,高于 2019~2022 年中部六省和全国上市公司市值复合增速。

近年来,湖南省委、省政府高度重视企业上市工作,制定出台了一系列政策文件,实施"金芙蓉"跃升行动,加强与中国证券监督管理委员会及交易所的沟通与合作,精心培育后备资源,加快推进湘企上市步伐。自北京证券交易所设立以来,湖南省坚持将北京证券交易所作为"金芙蓉"跃升行动的重点板块,与北京证券交易所共建了资本市场服务基地,先后出台支持企业在新三板挂牌及在北京证券交易所上市的政策措施,对标北京证券交易所上市在区域性股权市场设立"专精特新"专板。截至 2023 年 7 月,全省共有北交所上市公司 5 家,新三板挂牌公司 120 家,其中创新层 40 家、基础层 80 家。一大批优质企业正在抓紧准备申报新三板挂牌及北京证券交易所上市。在湖南省辖区境内上市公司中,按地区分类,长沙86 家(含浏阳 9 家,宁乡 4 家,长沙县 2 家),株洲 12 家,岳阳 10家,益阳 7 家,常德 7 家,湘潭 6 家,衡阳 4 家,郴州 3 家,永州 2家,怀化 2 家,湘西自治州 1 家,张家界 1 家,邵阳 1 家。

（一）大力推行湖南省上市企业的奖励政策

2019 年,湖南省政府办公厅下发了《关于加快推进企业上市的若干意见》,加快推动全省企业上市工作。提出实施企业上市"破零倍增"计划。力争到 2025 年,全省境内外上市公司数量达到 200 家以上,直接融资总额增长 50% 以上,资产证券化率提高 5% 以上,居中部省份前列;暂无上市公司的市州要实现"零的突破"。该文件加大了对企业上市的补助力度。省财政对已在湖南证监局辅导验收的企业，给予 200 万元补助资金，对科创板上市企业再奖励 100 万元。同时，扩大了补助资金发放范围。由原来只对境内上市公司安排补助资金，修改为"对境内上市、收购上市公司并将注册地迁往我省等均安排补助资金"。提出省地方金融监管局每年精选 30 家左右的重点上市后备企业予以高度关注、重点扶持；建立专家顾问团队，加强对拟上市企业的调研指导；引导各类金融机构积极与上市后备企业开展业务合作；推进"资本市场县域工程"建设，引导区域性股权市场加强改进服务，助力企业股份制改造；在湖南股权交易所设立"科技创新专板"。

（二）推动湖南省上市公司高质量发展政策

2021 年，湖南省政府办公厅印发《关于推动湖南省上市公司高质量发展的若干措施》（以下简称《措施》），围绕企业融资、上市、重组等方面出台 15 条举措，旨在推动湖南省上市公司高质量发展，为全省实施"三高四新"战略提供金融支撑。推动更多优质企业上市。《措施》要求，着力引导工程机械、轨道交通、航空航天、智能制造、5G 通信、生物医药等先进制造业企业和科技创新型企业、专精特新"小巨人"企业、现代服务业领军企业、农产品加工企业等上市。提高多元化融资能力。《措施》提出，鼓励符合条件的企业通过优先股、永续债、可转债、REITs 等创新融资工具丰富融资手段，优化资本结构，用好各类信用增信措施，引导金融机构通过贷款、债务融资工具和资管产品等支持上市公司融资。

（三）实现湖南省上市企业做强做优、提质增效

2022 年，湖南省政府办公厅又出台了《湖南省企业上市"金芙蓉"跃升行动计划（2022—2025 年）》，明确提出在全省实施企业上市"金芙蓉"跃升行动计划。到 2025 年，全省境内外上市公司数量达到 200 家以上，总市值达 3 万亿元以上，直接融资总额增长

50%以上，暂无上市公司的市州实现零的突破。其中，长沙市新增上市公司不少于40家，株洲市、岳阳市不少于8家，益阳市、常德市、湘潭市、衡阳市不少于5家，郴州市、永州市、怀化市、邵阳市不少于3家，张家界市、湘西自治州、娄底市不少于2家。全省现有国家级产业园区实现上市公司全覆盖。围绕目标，湖南省定下了健全上市后备资源库、推动企业股份制改造、加强对上市后备企业的指导与支持、发挥区域性股权市场培育功能、发挥股权投资机构带动作用、发挥上市服务机构推动作用、发挥政府基金引导作用、加大企业上市宣传培训力度、优化企业上市政务服务环境、拓宽企业上市渠道、引导上市公司做强做优等11项重点任务，同时提出了实施财政补助、加大人才支持力度、健全工作机制等保障措施。指导湖南股交所科技创新专板、专精特新专板等专板孵化和发现一批好的上市苗子。加强对上市后备企业的调研摸底，精心筛选一批优质企业，建立省、市上市后备资源库，加大行业培育力度，支持企业做优做强。同时提出围绕重点有的放矢，针对重点行业、重点园区、重点企业紧抓上市工作。紧紧围绕"老三样"（轨道交通、工程机械、航空发动机）、"新三样"（新能源、电子信息、现代石化）以及湖南特色优势产业，精准定位后备企业，加快推动行业内龙头企业上市。精选30~50家重点企业进行重点培育，建立"绿色通道"。充分发挥长沙高新区、长沙经济技术开发区、浏阳经济技术开发区等重点园区上市主力军作用，推动国家级园区实现上市公司全覆盖、支持省级园区实现上市突破。在金融支持方面，引导辖区内银行、融资担保机构等加大对上市后备企业的资金支持，还鼓励私募股权投资机构投资，推动国有投资机构发挥领投作用，带动社会资本投资，助力湘企上市。

三　对湖南省上市公司创新发展的启示

党的十八大以来，A 股市场在不断改革与创新中实现跨越式发展，中国特色现代资本市场快速发展，资本市场改革全面深化，中国资本市场正发生深刻的结构性变化。十年来，股票市场规模增长238.9%，成为全球规模第二大的资本市场。股票市场投资者超过 2亿，为服务高质量发展做出重要贡献。多层次市场体系不断健全，相继推出新三板、科创板，设立北京证券交易所，资本市场对实体经济的适配性大幅增强，股债融资累计达到 55 万亿元。中国资本市场规模不断扩大，市场结构更是发生了重要变化，资本市场实现大发展，已形成涵盖沪深主板、科创板、创业板、北交所、新三板、区域性股权市场、私募股权基金在内的多层次股权市场。从区域来看，A 股首发上市公司主要集中在经济发达的东部沿海地区，其中广东、浙江和江苏十年来首发上市公司数量位列前三，分别有441家、375 家和 367 家，三省份首发上市公司总数量占全国首发上市公司总数的近一半。此外，北京、上海和山东的首发上市公司数量也均超百家。从各地上市公司总市值来看，北京、广东、上海、浙江、江苏 5 个省份依然居前。据 Wind 资讯数据统计，截至 2023 年 6 月 9日，北京、广东、上海、浙江、江苏上市公司的总市值位居前 5，其中北京、广东双双超 10 万亿元，分别为 18.6 万亿元、13.3 万亿元。总体来看，共有 16 个省份上市公司的总市值突破 1 万亿元。从龙头企业来看，A 股市场中，目前市值千亿元以上的上市公司共有 116家，主要分布于北京（34 家）、广东（22 家）、上海（14 家）等地。

兄弟省份取得的成绩为湖南省积极抢抓改革发展机遇，企业上市融资和创新发展提供了可借鉴的一些经验和启示。

（一）深度融入国家发展战略，抓住上市公司创新发展新机遇

认真贯彻落实习近平总书记重要指示批示精神和党中央、国务院决策部署，将提高上市公司质量作为全面深化资本市场改革的大事来办。坚持市场化法治化国际化，坚持存量与增量并重、治标与治本相结合，深入推进公司治理专项行动，加强信息披露、公司治理、并购重组等基础制度建设，持续强化监管执法，依法严格执行退市政策，切实把好市场入口和出口两道关，积极培育优胜劣汰的市场生态，为上市公司高质量发展创造好的条件。

一是深刻把握机遇与挑战，坚定高质量发展步伐。首先，党的二十大擘画了全面建设社会主义现代化国家的宏伟蓝图，对加快构建新发展格局、着力推动高质量发展进行了战略部署，强调要健全资本市场功能、提高直接融资比重。财政、货币、产业、科技等各方面政策向经济稳增长聚焦发力，经济发展呈现回升向好态势。其次，我国有世界最完整的产业体系和潜力最大的内需市场，是全球工业门类最齐全的国家，经济活力强、韧性大、潜力足、稳中向好、长期向好的基本趋势没有改变，这是上市公司高质量发展的根基所在。最后，股票发行注册制改革的全面落地，从监管逻辑、发展质量、投资者结构、市场生态等方面带来全方位的变革，有利于持续增强资本市场的活力和韧性，加快中国特色现代资本市场建设，为上市公司高质量发展提供良好的资本市场环境。

二是上市公司要担起高质量发展的主体责任。提高上市公司质量是一项复杂的系统工程，但上市公司自身是内因，是责任主体，也是最终受益者。要主动站位国家发展战略需要，用好资本市场这个"助推器""催化剂"，科学谋划创新活动，提高创新的针对性、有效性，为重点、关键领域的技术突破做出贡献，推动"科技—产业—金融"良性循环。上市公司要争做提升产业链韧性、推动产业

链升级的表率，更好助力打造自主可控、安全可靠、竞争力强的现代化产业体系。

（二）激发创新活力，推动上市公司量质齐升

科技创新正在激发上市公司提质增效新动能。一系列改革举措引导资源要素向科技领域聚集，促进了科技与资本的深度融合，对于培育高新技术企业、促进产业转型升级、推动科技成果转化起到重要支撑作用，激发创新活力，上市公司提质增效跑出"加速度"。越来越多的上市公司以科技创新和产业创新为内在动力，成为"中国智造"的榜样和推动我国经济高质量发展的中坚力量。

上市公司技术创新能力不断增强。许多公司已经成为引领行业提质增效的领头羊。从 2020 年以来近 3 年上市公司参与国家科学技术奖励大会获奖情况来看，获奖数量持续增长，获奖项目行业覆盖面广，研发投入及研发能力逐年提升。上市公司之所以能够不断提升科技创新能力，在培育新经济、形成新动能上取得新突破，与其持续加大研发投入密不可分。2018 年以来，近 5 年 A 股上市公司研发投入逐年增加，2018 年研发支出超过 7100 亿元，较 5 年前增加 3 倍以上，研发支出在亿元以上公司达到 1134 家。近年来，证监会不断提高资本市场服务科技创新能力，积极推动并购重组支持战略性新兴产业发展，以市场化手段激发市场活力，丰富并购重组交易工具和融资选择，提高并购重组监管法规适应性和包容度。2019 年，中国证券监督管理委员会发布《上市公司重大资产重组管理办法》，明确重组上市作为市场工具的中性定位，简化重组上市认定标准，取消净利润指标；允许符合国家战略的高新技术产业和战略性新兴产业资产在创业板重组上市，恢复重组上市配套融资，更好发挥资本市场提高上市公司质量功能。目前，我国经济结构处于产业换代、经济转型的关键时期，特别是出于创新驱动考虑，并购重组业务规模和作用越来越大。

（三）积极培育上市企业，带动区域经济高质量发展

随着资本市场对于企业、产业和城市经济发展作用越来越强，越来越多的城市制定了培育发展上市公司的政策，部分地区甚至直接给出了年内新增上市公司目标数量，还有一些地区则针对企业上市相关工作，计划从政策或资金方面给予支持。

近年来，地方政府对培育上市公司都很重视，并制定了长期、中长期的培育计划，对于地方政府来说，培育上市公司实际就是培育地方经济，随着企业上市做强，能够带动地方产业发展和投资规模增长，带动地方经济发展。上市企业培育步伐加快。全国多地锚定上市企业带动作用，在培育企业上市方面持续发力。上市公司是优秀拔尖企业和先进生产力的代表，是国民经济的重要支柱，是推动城市经济增长、产业升级和高质量发展的主体力量，在推动城市经济发展、科技创新、市场繁荣、人才引进、资源聚集、产业集群、区域辐射、转型升级、社会就业、税收贡献等诸多方面都具有重要的促进作用，还有助于促进提升城市经济实力、创新动力、品牌影响力和产业竞争力，帮助城市实现资源聚集、资本融通、科技发展、产业升级，构建现代化城市产业体系。企业能够上市证明企业的经营状况好、发展潜力大，具有一定经济实力。上市公司数量是衡量一个城市经济实力和发展质量，以及城市核心竞争力的重要参照，上市公司数量多，证明当地经济社会发展水平高。一般来说，上市公司的规模比较大，能够带动解决就业问题，同时，也能够带动上下游产业链的发展。对于地方培育和推进企业上市，要选择优秀企业。地方培育的企业应讲诚信、重公平，且商业模式要明晰、合法、可持续。要尊重市场规律，地方政府要根据企业实际情况选择是否上市。在处理复杂决策的时候，如面对制定价格、在哪儿上市等问题，除了要有商业思维还要有法律思维，确保法律效果、政治效果、社会效果、道德效果与市场效果的有机统一。大力招引培育上市公

司，关键在于稳定的经济环境、积极的产业政策、开放的统一市场、优良的营商环境以及活跃的市场氛围。各地方可根据本地实际情况，因地制宜，多措并举，做好经济、产业发展规划，发挥本地优势特色，用好各类政策工具，打造优良的营商环境，从行动、政策和制度上大力扶持，提高公共服务水平，形成差异化竞争优势。

（四）加大政策扶持力度，增强上市公司后备力量

上市公司的数量和质量，在很大程度上可以反映其所属区域内的现代化发展水平、经济结构、社会活力、创新能力和市场配置资源效率等，同时折射出科技、资本和产业紧密融合的程度与力度。多地加快推动辖区内企业上市，既有利于让优质企业借助资本市场获得中长期资金来源、降低融资成本，还有利于促进企业转型升级，扩大知名度和影响力。此外，这对区域经济发展来说，亦可辐射带动地方产业结构、经济结构优化、转型与升级，促进区域经济高质量发展。从目前多地出台的上市倍增计划和上市后备企业的培育情况来看，"科创"属性愈发得以凸显。

当前，我国经济发展正处于新旧动能转换的关键时期，经济正由高速增长向高质量发展转变，科创类企业已逐渐成为孕育新兴产业、推动传统产业变革、搞活区域经济的引领者，成为实现高质量发展的新引擎。从我国资本市场建设来说，近年来更是形成了协同互补、错位发展、互联互通的多层次资本市场格局，而这恰恰与大量优质高新技术企业、科技创新型企业、专精特新企业等具有较高的契合度和良好的适配性，有利于更多具有市场前景、符合产业发展方向和创新驱动发展战略的优质企业上市，积聚更多经济发展新动能，培育壮大科技型企业群体。总的来说，多地在推动企业上市方面更加强调"科创"属性，符合我国产业转型升级的发展方向。对上市企业来说，更加需要不断强化其创新主体地位，利用好资本市场各类工具，坚持守正创新、切实增强科技含量，力争

成为原始创新和新兴技术的重要发源地，进而引领中国经济转型升级。

上市后备企业培育活动主要围绕新一代信息技术、智能制造、新材料、生物医药、节能环保等产业领域，旨在培育出一批核心技术过硬、市场竞争力强、具有发展潜力的企业，推动优质企业上市及健康发展。例如，北京市 2021 "钻石之星" 百家企业概况显示，100 家企业中前五大行业概况分别为软件和信息技术服务业 44 家，专用设备制造业 9 家，计算机、通信和其他电子设备制造业 8 家，生态保护和环境治理业 7 家，互联网和相关服务业 6 家。100 家企业中 97 家具有国家高新技术企业资质。48 家为北京市专精特新中小企业，其中 1 家入选北京市专精特新 "小巨人" 企业，17 家入选国家专精特新 "小巨人" 企业。

一方面，上市后备企业基本为高新技术企业，这类企业创新性强，发展前景广阔，符合我国产业转型升级发展方向，这些企业发展壮大有助于推动我国产业转型升级，提高市场竞争力；另一方面，在现行融资体系下，不少高新技术企业由于缺乏标准和足够的抵押品等问题，融资压力较大，通过上市有助于拓宽这些企业融资渠道，加快企业创新发展。

第九章　湖南促进上市公司创新发展的政策建议[*]

《湖南省上市公司发展报告（2023）》显示，全省在 A 股上市的公司已有 146 家，数量居全国第十、中部第二。湖南省"金芙蓉"计划显示，将围绕湖南省"三高四新"战略定位和使命任务，以及科技创新"七大计划"、先进制造业"八大工程"、改革开放"九大行动"，突出工程机械、轨道交通、航空航天、智能制造、5G 通信、生物医药等先进制造业企业，以及科技创新型企业、专精特新"小巨人"企业、现代服务业领军企业、军民融合企业、农产品加工企业、文化旅游企业等，筛选一批主营业务突出、市场竞争力强、发展前景广阔、具有较好上市基础的企业，分别建立省、市（州）上市后备企业资源库，实行动态管理，按规定享受有关优惠政策。

一　夯实经济基础，优化上市公司创新发展的经济环境

持续做大经济总量蛋糕。湖南省作为中部欠发达省份，为了实现追赶目标和防止被追赶，做大经济总量非常重要。从内力来看，要充分发挥资源禀赋优势、比较优势、成本差异优势、价格优势等，着力打造核心竞争力。从外力来看，要充分发挥新型城镇化、城乡

* 本章为湖南省教育厅一般项目（项目编号：21C0321）、湖南省教育厅青年项目（项目编号：22B0488）、湖南省社会科学成果评审委员会项目（项目编号：XSP22YBC078）的阶段性成果。本章作者为郭晓（湖南科技大学湖南创新发展研究院讲师）。

一体化以及工业信息化、农业农村现代化优势，在重点行业、地区取得重大进展。调整经济结构，通过统筹地区、产业发展来优化上市公司结构，区域统筹要按照主体功能区规划，发挥区域特色，推动四大区域板块协调发展。产业调整要在发挥优势产业作用、弥补当前不足和抢占未来产业制高点三个方面下功夫。促进非公经济发展，改变国有上市公司占比过高的现状。要以深化改革为动力，打破行业垄断壁垒，创造宽松发展环境；要创新体制机制，加大金融支持力度，拓展企业融资渠道；要培育创新创业精神，壮大创新创业主体，推动全面创新创业；要推动企业转型发展，加快培育骨干企业，努力提升非公经济综合竞争力，促进全省非公经济持续健康发展。

二　加强政策支持，引导资本市场优化发展

一是贯彻落实《国务院关于进一步促进资本市场健康发展的若干意见》，尽快出台湖南省促进资本市场健康发展的意见，从省级层面对新时期全省资本市场改革、发展进行统筹规划和部署。二是进一步提高政策的针对性和分类指导功能，突出对重点地区、重点产业的资金支持和税收优惠，地区分布方面重点向目前尚无上市公司的邵阳市，以及仅有 1 家上市公司的永州市、张家界市和湘西土家族苗族自治州等市（州）倾斜，行业方面重点向电子信息、医药、文化传媒、新材料和节能环保等产业倾斜，推动上市公司在地区间、行业间的均衡发展。三是做好上市公司培育工作，加强上市公司后备资源库建设，针对涉及企业上市、挂牌的募投项目、土地、环保等事项，建立"绿色通道"制度，制定程序简便、责任明确的"工作指引"，建立以企业需求为导向、政府引导、中介机构参与的培育机制。四是引导中介服务机构发展，推动证券、期货、信托、金融租赁等地方法人金融机构壮大资本实力，增强创新发展和风险防控

能力；大力发展会计、审计、律师、资产评估、信用评级、金融资讯服务等机构，加大对金融中介服务机构参与资本市场建设的政策支持力度。

三　完善公司治理结构，提高公司经营管理水平

一是完善董事会的结构与运作。优化董事会成员结构，尤其是对于中南传媒、天一科技等大股东持股比例高于50%的国有企业，在股权上避免董事长"一股独大"造成股权过度集中的情况；在董事会成员的年龄、学历、知识结构等方面进行优化组合，实现董事会成员间的相互制衡和相互促进；强化独立董事的监管作用，督促株冶集团、千金药业等20家上市公司按照董事会人数1/3的比例配备好独立董事，建立由中小股东推荐独立董事制度，扩大独立董事的来源渠道。二是建立职业经理人制度和对管理层的激励约束机制。引导民营企业、私营企业转变家族式的经营管理方式，引入高水平、专业化的职业经理人，实行董事长与总经理分设，将董事会的领导作用与公司日常管理区分开来；加快建立对管理层的激励约束机制，重点通过期权、管理层持股等形式激发公司管理层的积极性，同时，通过建立绩效考核评价机制，发挥董事会、监事会职能来监督和约束管理层的行为。

四　增强诚信和回报意识，塑造上市公司良好形象

一是增强企业诚信经营意识。把诚信制度作为上市公司现代企业制度建设的重要内容，把股份公司的诚信状况与全体董事、监事和高级管理人员个人信用联系起来，切实履行诚实守信、勤勉尽责的义务；提高上市公司信息披露质量和意识，真实、准确、完整、及时、公平地履行信息披露义务，杜绝虚假记载、误导性陈述或重

大遗漏；真实、公允地反映公司财务状况和经营成果。二是增强企业积极回报投资者意识。切实保护投资者特别是中小投资者的合法权益，主动加强与投资者的沟通和交流，积极回应投资者的诉求；完善利润分配制度，实行积极的利润分配政策，设置并及时公布明确的利润分配目标和承诺，对不履行分红承诺的上市公司，要记入诚信档案；建立多元化投资回报体系，完善股份回购制度，丰富股利分配方式；对现金分红持续稳定的上市公司，在政策上给予扶持。三是塑造地区上市公司良好形象。从企业来讲，除增强诚信意识和回报意识外，还要进一步增强社会意识和责任感，避免发生污染、造假等事件而对公司自身和社会造成重大影响，积极参与社会公益事业，每年评估公司社会责任履行情况并披露社会责任报告。从政府来讲，一方面，要加强对上市公司的监管，完善上市公司综合监管机制，市（州）政府要建立对当地上市公司的定期评价机制，履行管理职能和风险处置责任，加大失信惩戒力度，提高失信者的责任成本；另一方面，要组织相关部门、权威专家和研究机构定期开展本地区上市公司质量评价，公布评价报告，既引导上市公司进行自我改善，也为投资者正确认识本地区上市公司提供参考。

五 做好战略谋划，推进分类施策

上市公司质量是经济高质量发展的微观基础，提高上市公司质量也是党中央、国务院从战略和全局高度作出的重大决策部署。在资本市场迎来全面注册制改革之际，为了进一步推动我国上市公司高质量发展的战略落地，关键要分类施策。①要从上市公司的属性出发，研究国有控股公司与民营控股公司的发展问题；②要根据不同地区的上市公司发展实际情况，有针对性地研究上市公司面临的问题，制定发展措施；③要把地方"十四五"规划的落实与上市公司发展规划的实施相结合，把推进上市公司发展作为完成"十四五"

规划的攻坚战来进行，把责任落实到位；④要把新上市公司的培育与已上市公司的质量提升相结合，发挥已上市公司的平台作用，推动地方经济的发展；⑤要把上市公司的发展与地方先进产业集群的建设结合起来，从制度、政策、金融支持等多方面同步发力，进一步发挥上市公司在地方经济建设中的枢纽作用，推动全国经济的持续发展。

六　制定评价指标体系，引导上市公司发展

上市公司的发展是综合因素发挥作用的结果。不同的主体从不同的角度出发，对好的上市公司的评价标准并不一致。制定一个各方都接受的综合评价指标体系以引导上市公司发展很重要。①要紧抓总市值这个牛鼻子指标。市值是对上市公司质量评价的最综合指标，市值是财富，是预期，是信心，是竞争力。市值的不断增长代表了上市公司高质量发展的方向。②在全面注册制推行的形势下，抓住信息披露这个核心，关注分析上市公司信息披露的充分性、完整性、及时性和准确性。信息披露不仅仅是上市公司自身的事情，还是资本市场推进市场化建设的核心，又是市场化完善程度的具体表现，也是各地区营商环境优化程度的综合考察指标。③要关注上市公司制度的完善性，包括公司治理和 ESG 披露。当前，ESG 披露还是指导性要求，但是国际投资者很看重这个披露标准，它既反映了上市公司长期发展的可持续能力，又反映了上市公司的社会责任履行程度，未来更加重要。④参考国务院国资委 2023 年考核国有企业的"一利五率"（利润总额、净资产收益率、营业现金比率、资产负债率、研发经费投入强度、全员劳动生产率）指标体系，关注上市公司相应指标净利润规模、净资产收益率、现金流增长、资产负债率、研发经费增长率和劳动生产率等的变化情况。通过上述评价指标体系的制定，把国有控股上市公司、民营控股上市公司和整

个中国经济的市场化发展及全球化经济紧密结合起来，使中国经济作为世界经济的重要组成部分得到充分及时体现。

七　加强梯次培育后备资源

全面注册制落地的 2023 年，湖南省企业上市"金芙蓉"跃升行动计划也快马加鞭推进。11 月 3 日，湖南省地方金融监管局就上市后备企业资源库名单进行公示，上市后备湘企总数达到 914 家，再创历史新高。从市（州）分布来看，2023 年长沙市入库企业数量依然遥遥领先——以 259 家的数量、28.34% 的占比位居第一；株洲市、岳阳市则分别以 88 家、69 家的数量居第二、三位，占比分别为9.63%、7.55%。从行业来看，上市后备企业最多的是制造业，达到257 家，占比 28.12%；新材料、农林牧渔、医药、环境保护等行业后备企业数量均超 30 家，分别为 91 家、71 家、48 家、31 家。自实施"金芙蓉"跃升行动计划以来，湖南省企业上市稳步推进，形成了"培育一批、辅导一批、报审一批、上市一批"的梯次推进良好局面。加强对上市后备企业的调研摸底，精心筛选一批优质企业，建立省、市（州）上市后备企业资源库，加大行业培育力度，支持企业做优做强。突出重点行业、重点园区、重点企业抓上市。紧紧围绕"老三样"、"新三样"以及湖南省特色优势产业，精准定位后备企业，加快推动行业内龙头企业上市。充分发挥长沙高新区、长沙经开区、浏阳经开区等重点园区上市主力军作用，推动国家级园区实现上市公司全覆盖，支持省级园区实现上市新突破。

第十章 上市公司创新发展案例[*]

公司一：华锐精密

（一）公司简介

1. 主营业务、产品或服务情况

株洲华锐精密工具股份有限公司（以下简称"华锐精密"）成立于 2007 年 3 月，主要从事硬质合金数控刀片的研发、生产和销售业务。华锐精密以成为中国高端刀具领跑者为愿景，致力于为千行百业提供金属切削工具与服务。数控刀具作为金属切削加工的核心部件，广泛应用于汽车、轨道交通、航空航天、3C、精密模具、通用机械、工程机械、石油化工、能源装备等领域。

我国数控机床以及配套的数控刀具行业起步较晚，基础较弱，长期以来，国内中高端数控刀具市场被欧美、日韩刀具企业所长期占据。华锐精密一直秉承"自主研发、持续创新"的发展战略，专注于硬质合金数控刀片的研发与应用，不断追求硬质合金数控刀片整体性能的提升和制造工艺的优化，依托多年的人才、技术积累以及先进装备的引进和消化吸收，形成了基体材料、槽型结构、精密成型和表面涂层四大领域的自主核心技术，开发了车削、铣削、钻

* 本章作者为唐志军（湖南科技大学湖南创新发展研究院教授）。

削三大系列产品。公司核心产品在加工精度、加工效率和使用寿命等方面已处于国内先进水平，进入了由欧美和日韩刀具企业长期占据的国内中高端市场，特别是铣削刀片已形成显著竞争优势。

华锐精密于 2021 年 2 月在科创板上市，注册资本 6184 万元，总资产 19 亿元，2022 年度实现营业收入 60163.57 万元，与上一年相比上升 23.93%；实现营业利润 18313.51 万元，与上一年相比上升 1.17%；实现归属于母公司所有者的扣除非经常性损益的净利润 15768.63 万元，与上一年相比上升 3.52%。

华锐精密硬质合金数控刀片产量在国内企业中连续多年排名前三，是中国硬质合金数控刀具行业领跑企业。多年来，华锐精密潜心于进口中高端刀具国产化，不断探索经营管理和质量控制之路，逐步形成了"四高四精"质量管理模式。凭借产品高精度和高质量的稳定性，在国内模具高速铣削加工领域，华锐精密有很高的知名度和影响力。

华锐精密是"国家级高新技术企业""国家级绿色工厂"，入选行业内第一批"国家级专精特新小巨人企业"。2022 年获人力资源和社会保障部批准设立"博士后科研工作站"，是湖南省工信厅认定的"企业技术中心"、湖南省科学技术厅认定的"湖南省硬质材料及精密工具智能制造工程技术研究中心"，同时入选湖南省第三批"5G+工业互联网"示范工厂，还是湖南省发展和改革委员会认定的"100 个重大科技创新项目"2020 年实施计划单位之一。2022 年，被湖南省工信厅评为"湖南省制造业质量标杆"，并获株洲市人民政府颁发的"市长质量奖"；行业方面，公司曾获湖南省科学技术进步奖。公司"顽石刀具"品牌在第四届切削刀具用户调查中被评选为"用户满意品牌"；自主研制的锋芒系列硬质合金数控刀片和模具铣削刀片分别获得"金锋奖"和"荣格技术创新奖"，S/CSM390 双面经济型方肩铣刀同时获得"金锋奖"和"荣格技术创新奖"。

华锐精密现有核心产品为硬质合金数控刀片，包括车削、铣削和钻削三大系列，具体分类如下。

（1）车削系列。华锐精密车削系列产品分为普通车削刀片、切断切槽刀片和螺纹刀片，具体如下。①普通车削刀片：主要用于钢（P）、不锈钢（M）、铸铁（K）类被加工材料的外圆、内圆、端面等车削加工。②切断切槽刀片：主要用于钢（P）、不锈钢（M）类被加工材料的轴类、环类等零件的切槽、仿形或切断加工。③螺纹刀片：主要用于不锈钢（M）类被加工材料紧固连接件的螺纹加工。

（2）铣削系列。主要用于钢（P）、淬硬钢（H）类被加工材料的型面、平面、方肩、仿形、凹槽等铣削加工。

（3）钻削系列。主要用于钢（P）、不锈钢（M）类被加工材料的机械加工中的孔钻加工。

2. 主要经营模式

（1）采购模式。华锐精密主要原材料包括碳化钨粉、钴粉和钽铌固溶体等。公司采购部对主要原材料采购工作实行统一管理，根据生产计划和市场情况储备合理库存；公司通过向合格供应商询价和比价方式确定采购价格，在对主要原材料的品质、价格、交货期等进行综合考量后，安排订单采购；货物到厂后需进行入厂检验，检验合格后方可入库。华锐精密与碳化钨粉、钴粉和钽铌固溶体等关键原材料供应商建立了长期、稳定的合作关系。

（2）生产模式。华锐精密采用"以销定产+适度备货"的生产模式，且以自主生产为主，仅在产能不足时，通过部分工序外协加工来补充产能。①自主生产。华锐精密销售部根据客户订单要求的产品规格、交货周期和数量等信息生成生产指令卡，由生产部门组织生产。由于公司产品需经过配料、球磨、喷雾干燥、压制成型、烧结、研磨深加工和涂层等生产工序，标准生产周期一般为 5~7 周，公司对市场需求较稳定的产品设置适度安全库存，以快速响应客户需求。公司在生产过程中始终坚持把质量放在首位，建立了材料入厂检验、制程检验、半成品和成品入库检验等生产各个环节的质量检验程序和工艺控制程序，确保产品在批量生产过程中整体质量的稳定可靠。②外协加工。华锐精密产品主要依托公司产能进行自主生产，仅在自身产能不足的情况下，将毛坯半成品后续研磨深加工和涂层工序安排外协加工。公司将毛坯半成品和加工要求提供给外协供应商，公司验收入库后，以合格加工量向外协供应商结算加工费。随着公司不断引进生产设备，自主产能已基本能满足公司生产需求。2022 年，公司外协加工成本占主营业务成本的比例为0.10%，主要系整体硬质合金刀片部分磨削产能受到限制，存在一定委外加工的情形。

（3）销售模式。华锐精密采用经销为主、直销为辅的销售模式。经过多年的生产经营积累，华锐精密已建立聚焦华南、华东和华北等国内主要数控刀片集散地，覆盖二十余省市的全国性销售网。利用经销商广泛的客户群体和区域优势，公司能够针对特定区域产业集群的用刀需求开发具有特定基体牌号、槽型和涂层的产品，有效开拓潜在客户。

伴随"一带一路"建设的推进，华锐精密积极开拓海外市场，产品远销亚洲、欧洲、非洲与南美洲，并在俄罗斯、土耳其、印度、泰国、越南等国家占有较大市场份额。同时市场还进一步延伸到了韩国等数控刀具强国，产品性能得到越来越多客户的认可。

（二）华锐精密在科技创新方面的主要做法

1. 企业科创方面

华锐精密十分注重研发队伍的建设，经过十余年的技术积累和人才培养，打造了一支由国务院政府特殊津贴专家、海外专家、985 高校博士和硕士组成的老中青相结合且勇于创新的研发团队。团队老中青梯队合理、学科门类齐全、专业技能扎实，其中包括教授级高工，中南大学、中国科技大学、重庆大学、山东大学、东北大学等 985 高校的博士后、博士、硕士。

根据公司公告，华锐精密现有员工 919 人，其中研发人员占总员工的比例为 13.6%，共计 125 人。2022 年实现研发投入 4155.66 万元，同比增长 66.82%。2023 年上半年实现研发投入 2989.47 万元，同比增长 64.44%。2023 年前三季度累计研发投入 4628 万元，同比增长 64%。

华锐精密建立了激励创新的制度机制与平台，形成积极创新、主动创新的企业文化和环境，取得了丰硕的创新成果。鼓励员工创新，努力营造创新环境，根植创新意识。通过为员工提供足够的资源和信息，为创新提供过程支持；通过对创新成果及时给予重奖，形成鼓励创新的结果导向，在企业内部营造创新氛围。创新活动涉及产品创新、科技创新、管理方法创新、管理体制创新、生产工艺创新和文化创新等各方面，并注重持续改进，创新成果由较低层次向较高层次迈进，有效地推动了企业的持续快速发展。

华锐精密围绕经营目标和发展战略，积极推进对技术、管理、生产和销售等方面人才的培养、激励与考核工作，重视继续教育并建立了完善的长期人才激励机制。华锐精密在 2022 年完成了限制性股票的首次授予，共授予 49 人第二类限制性股票 88.00 万股，其中高级管理人员 4 人共获授 12.50 万股，同时制定了《2022 年限制性股票激励计划实施考核管理办法》，确保限制性股票激励计划的顺利推进及有序实施，确保公司发展战略和经营目标的实现。该创新激励制度的建立，确立了公司与员工利益共享的长效激励机制，充分调动了公司核心管理、技术和业务团队的积极性和创造性，激发了公司整体活力，确保了公司发展战略和经营目标的实现。

未来华锐精密将进一步夯实并发挥在技术创新、产品开发方面的优势，加大研发投入力度，加强人才队伍建设，以技术推动市场为导向，不断升级迭代产品并开发新产品。在巩固硬质合金数控刀片市场优势地位的基础上，优先开展基础材料技术的研究，进军金属陶瓷、陶瓷、超硬材料等新材料领域；同时，通过新产品的开发，向工具系统、精密复杂组合刀具领域拓展，进一步丰富公司的产品线。

2. 成果转化方面

华锐精密将技术创新作为提高质量的抓手，加强核心技术研发，推进创新成果落地转化，提升产品质量和服务水平。紧紧围绕汽车、轨道交通、航空航天、精密模具、能源装备、工程机械、通用机械、石油化工等领域对硬质合金数控刀片的重大需求，将技术创新作为提高产品质量的重要抓手，应用新技术、新工艺、新材料，研发具有核心竞争力、高附加值和自主知识产权的创新型产品。

目前，华锐精密已有多项科技成果实现成功转化，其中"高温合金加工专用 PVD 多元复合纳米涂层技术研究"成果通过转化应用，极大提升了高温合金材料加工刀具的综合切削性能，整体技术达到国际先进水平，其中 m（AlCrN/TiAlTaN）/n（AlCrN/TiAlTaN/TiAlSiN）/k（TiAlTaN/TiAlSiN）多层复合涂层体系达到国际领先水平。"大型精密模具无接刀痕方肩铣削刀具的研究与开发""奥氏体不锈钢精车刀片槽型关键技术的创新研究与应用"（见表 10-1）通过成果转化，使无接刀痕方肩铣削刀具和奥氏体不锈钢精车刀片具有使用寿命高、表面加工精度好等优点，被鉴定为达到"国际先进"水平。华锐精密以"高精度、高效率、高可靠性和专用化"的现代高效刀具为研发目标，专注于硬质合金数控刀片基体材料、槽型结构、精密成型和表面涂层等领域的研究和创新，不断提升硬质合金数控刀片的加工精度、加工效率和使用寿命等。经过十多年的科研创新，华锐精密掌握了多项达到国际先进水平的自主核心技术。

表 10-1　华锐精密获得的成果鉴定

序号	成果名称	鉴定或登记部门	鉴定或登记时间
1	硬质合金可转位刀片产业化	湖南省科学技术厅	2016 年 11 月
2	高温合金加工专用 PVD 多元复合纳米涂层技术研究	湖南省科学技术厅	2020 年 5 月

序号	成果名称	鉴定或登记部门	鉴定或登记时间
3	奥氏体不锈钢精车刀片槽型关键技术的创新研究与应用	湖南省科学技术厅	2020 年 5 月
4	大型精密模具无接刀痕方肩铣削刀具的研究与开发	湖南省科学技术厅	2020 年 5 月

（三）华锐精密在科技创新方面取得的成就

截至 2023 年上半年，华锐精密已获 58 项授权专利，其中发明专利 26 项，与中南大学、湖南大学、湘潭大学等院校均有产学研合作。另外，通过引进各种高精尖设备，在软、硬件上大力投入，迅速提高了产品精度和质量的稳定性，在国内模具高速铣削加工领域，华锐精密有很高的知名度和影响力。

2017 年，公司自主研发的"锋芒系列"产品获得了"2017 荣格技术创新奖"，是国内唯一获此殊荣的国产数控刀片；2017 年 7 月，公司被认定为湖南省新材料企业；2017 年 9 月，公司被认定为湖南省高新技术企业；2019 年 4 月，公司"锋芒系列硬质合金数控刀片"荣获"金锋奖"；2020 年 3 月，公司被湖南省工信厅认定为湖南省企业技术中心；2020 年 5 月，公司获得湖南省科学技术厅颁发的"奥氏体不锈钢精车刀片槽型关键技术的创新研究与应用""高温合金加工专用 PVD 多元复合纳米涂层技术研究""大型精密模具无接刀痕方肩铣削刀具的研究与开发"三个科技成果转化证书；2020 年 11 月，公司被工信部认定为"国家级专精特新小巨人企业"；2021 年，公司获得湖南省科技进步三等奖。

（四）对省、市政府加强创新支持的政策建议

1. 加大科研投入力度，以技术创新驱动产业升级

先进硬质材料产业是一个技术密集型产业，技术水平的高低决

定了行业地位，建议由市政府牵头，行业领军企业参与，邀请中南大学、湖南大学等知名高校以及知名教授团队到株洲设立研究院，如材料研究院、机械研究院，立足于基础研究、关键共性问题以及前沿技术研究，为产业的后续发展提供技术支持，同时也为企业的发展提供优秀的科研人才，解决企业人才难题。

2. 充分利用多层次资本市场做大做强产业规模

先进硬质材料产业是一个资金密集型产业，产业要快速发展，一定要充分用好资本市场，要加大对行业内拟上市企业的扶持力度，组织专人专班对接联络。依托三家已上市企业的经验，发掘更多具备条件的有潜力的公司上市融资，解决企业融资难的问题。要鼓励和支持上市企业开展收购和并购，做大做强上市企业的同时，突出培育知名企业家，打造企业家名片，更好地为行业发声，提升行业的地位。

3. 培育壮大下游产业链，提升产业竞争力

先进硬质材料产业的下游是机床及装备配套行业，而株洲的这两个行业规模还较小，从强链补链的角度出发，建议政府给予特殊的政策，一事一议，引进国内外知名的机床及装备配套企业落户株洲，这样可以和先进硬质材料产业形成优势互补，上下游协同发展，从而做大做强整个产业链，提升产业竞争力。

公司二：湖南裕能

（一）公司简介

湖南裕能新能源电池材料股份有限公司（以下简称"湖南裕能"）成立于 2016 年 6 月，专注于新能源电池正极材料的研发、生产和销售，产品包括磷酸铁锂、镍钴锰三元材料等锂离子电池正极材料，主要应用于动力电池、储能电池等锂离子电池的制造，并最终应用于新能源汽车、储能等领域。产品具有高能量密度、高稳定性、高性价比、长循环寿命、低温性能优异等特点，口碑良好。

湖南裕能总部位于湖南省湘潭市，建有新能源电池材料研究院。公司现有湖南湘潭、广西靖西、四川遂宁、贵州福泉、云南安宁五个生产基地，随着各基地逐步投产，2020 年、2021 年公司的磷酸铁锂市场份额为 25%，2022 年进一步提升至约 30%，连续三年全国行业排名第一，2023 年磷酸铁锂的市场占有率有望进一步提升。湖南裕能是全球规模最大、质量优良、品种最全的磷酸铁锂企业，行业龙头地位稳固。2021 年，公司营业总收入为 70.68 亿元，2022 年为 427.9 亿元，2023 年有望突破 500 亿元。公司先后荣获国家级高新技术企业、湖南省专精特新小巨人企业、湖南省制造业单项冠军产品企业、湖南省新材料企业等荣誉，获评湖南省省级企业技术中心，上榜 "2023 中国民营企业 500 强" "2023 中国制造业民营企业 500 强" "2023 年《财富》中国上市公司 500 强" "2023 胡润中国能源民营企业 TOP100"。

2023 年 2 月 9 日，公司在深圳证券交易所创业板成功挂牌上市（股票简称：湖南裕能，股票代码：301358），企业发展迈上新台阶。在 "双碳" 战略政策驱动下，新能源产业迎来了重大发展机遇，并成为市场及资本关注的重点领域。面对新的机遇与挑战，湖南裕能坚定不移地实施创新驱动发展战略，进一步完善市场导向的绿色技术创新体系，强管理、优品质、重效益、夯基础、控风险、拓新局，借助资本市场实现了跨越式发展。

（二）企业创新能力

研发能力和技术实力是公司产品性能提升的关键，湖南裕能专注于锂离子电池正极材料研发，使公司产品具备更为优异的性能。公司成立了研究院和技术部，研究院承担新产品、新工艺、新技术的研究，主要立足于市场研发需求进行理论研究；技术部负责按照技术要求做成产品以及新产品的导入和量产，并与研究院及时沟通和合作，共同进行新产品、新工艺、新技术的研发与应用工作。经过多年探索，公司形成了较为完整的锂离子电池正极材料制备技术开发体系，突破并掌握了锂离子电池正极材料制备的关键工艺技术，公司的创新研发管理体系能够保证公司技术和产品的先进性。

1. 创新平台建设

湖南裕能于 2020 年成立新能源电池材料研究院，其主要职能是负责公司的研发工作，主要负责锂离子电池正极材料新产品计划制定、研发，新工艺改进等业务。研究院现有人员超过 20 人，其中硕士及以上学历人员占比超过 60%。针对不同研发需求，研究院下设多个研发小组，包括磷酸铁锂研究组、磷酸锰铁锂研究组、前沿材料研究组、新工艺技术研究组、创新实验室等。2023 年新能源电池材料研究院成功申报"湖南省省级企业技术中心"。

2. 创新投入

湖南裕能持续加大研发投入力度，技术创新费用逐年增加，2021 年、2022 年分别投入研发费用 3499.92 万元、27644.09 万元，2023 年预计投入研发费用 3 亿元以上。研发费用主要用于新产品开发、新工艺探索、先进实验室建设、先进设备投入以及研发人员培养等方面。

3. 人才引进和激励

截至 2023 年 6 月 30 日，湖南裕能共有研发人员 92 人，这是一支素质高、研发生产实践经验十分丰富的专业技术团队。通过以内部培养和外部引进等多种渠道不断扩充团队成员，积极吸纳高学历优秀人才，湖南裕能培养了一批德才兼备、具备创新意识且创新能力强、水平层次高的专业技术队伍。

在外部合作方面，湖南裕能通过积极与中南大学、四川大学、湘潭大学、湖南科技大学、湖南工程学院、宁德时代等高校院所及龙头企业达成长期的产学研合作，以及参加行业协会技术交流活动和加强人才引进等多种途径，进一步提升研发人员专业水平，壮大人才队伍。

（三）企业创新成果

湖南裕能成立以来一直重视科技创新。公司以股东早期投入的技术为基础，通过自主研发在相关领域掌握了一系列核心技术（见表10-2），并将其广泛应用于公司产品的批量生产中。目前，公司拥有多种型号磷酸铁锂产品的研发与生产能力，生产工艺成熟，产品性能稳定，相关产品获得了行业主要客户认可。而且，湖南裕能极为重视保护知识产权，自成立以来，围绕新能源电池正极材料领域核心技术申请了多项专利，截至2023年9月，湖南裕能拥有国内专利近50项，其中发明专利6项、实用新型专利8项。

表10-2　湖南裕能所拥有的核心技术

序号	核心技术名称	核心技术内容简介	主要应用产品	技术来源
1	动力学性能改进和均一性控制技术	通过碳源配方和碳包覆工艺的优化，实现电导率综合改善和动力学性能提升，并结合设备工艺与产品物理化学指标的均一性控制，在保证产品电化学性能发挥的同时，实现包括加工性能在内的产品均一性控制	磷酸铁锂	自主研发
2	电导率综合改善技术	以碳包覆改性技术为基础，不断加深离子掺杂改性技术的优化应用，通过对离子扩散效率和电子电导率的综合调控，对产品应用性能进行优化，以及细化电导率提升的控制参数，实现产品倍率性能、低温性能等电化学性能提升	磷酸铁锂	自主研发

续表

序号	核心技术名称	核心技术内容简介	主要应用产品	技术来源
3	高能量密度应用技术	通过多功能添加剂应用、碳源和高温烧结工艺优化,以及产品形貌控制,在保证产品电导率等应用性能的前提下,改善容量、倍率性能、压实密度等,最终实现高能量密度型产品的设计	磷酸铁锂	自主研发
4	能量密度提升技术	通过深化级配理论的应用,结合前驱体指标的精细化控制,进一步优化产品形貌和粒径分布,并创新性地引入功能性导电剂或添加剂,实现产品压实密度提升的同时,倍率性能、低温性能以及容量发挥等均得到极大程度的提升	磷酸铁锂	自主研发
5	能量密度与动力学性能一体化提升技术	为降低能量密度提升引起倍率等动力学性能降低的风险,最大幅度提升能量密度以及进一步增加磷酸铁锂产品的应用性能,通过前驱体特殊掺杂处理、功能性导电剂配方优化,从电化学反应原理出发,对产品颗粒表面进行一体化改性,在保障电化学性能最优体现的前提下,最大化地拓宽粒径分布设计范围,实现与产品能量密度相关的各项指标参数的全面提高	磷酸铁锂	自主研发

　　湖南裕能成立以来,高度重视企业管理的规范化,先后通过"IATF16949:2016 质量管理体系""ISO9001:2015 质量管理体系""ISO14001:2015 环境管理体系"等认证,同时获得湖南省电池行业协会 2020 年度先进科技创新单位、湘潭市高质量发展明星民营企业等荣誉。湖南裕能目前是湖南省电池行业协会副会长单位、中国无机盐工业协会磷酸铁锂材料专业委员会副主任单位、长株潭先进

储能材料产业联盟副盟长单位，先后荣获宁德时代"2020 年度优秀供应商""2021 年度优秀供应商""2022 年度优秀供应商"、比亚迪"2021 年度最佳合作伙伴""2022 年度杰出战略合作伙伴""2023 年度杰出战略合作伙伴"、蜂巢能源"2022 年最佳交付保障奖"等殊荣，获得核心客户高度认可。

（四）对政府加强创新的政策建议

建议政府制定一系列优惠政策，包括提供良好的工作环境、优厚的福利待遇、职业发展机会等，吸引高层次、具有国际视野和经验的创新型人才来当地工作。同时，建立一套完善的人才引进机制，包括人才评估、审核和安置等方面的机制，确保引进来的人才能够真正为科技创新事业作出贡献。

公司三：麒麟信安

（一）公司发展现状

湖南麒麟信安科技股份有限公司（以下简称"麒麟信安"）创立于 2015 年 4 月，公司总部位于湘江新区麒云路 20 号自建的麒麟科技园。麒麟信安是一家高新技术企业，是国家发展改革委批复的高可信操作系统国家地方联合工程研究中心的依托实体，入选国家级专精特新小巨人企业、国家规划布局内重点软件企业。麒麟信安专注于国家关键信息基础设施领域相关技术的研发与应用，主要从事操作系统产品研发及技术服务，并以操作系统为根技术创新发展信息安全和云计算业务，产品已在党政、国防、能源、金融、教育等重要领域得到广泛应用。

凭借强大的科研能力和对技术创新的不懈追求，麒麟信安拥有完善的资质，以及公安部、国家保密局、国家密码管理局、中国人民解放军信息安全测评认证中心等国家主管部门颁发的多项产品认证和测评证书；并承担了核高基国家科技重大专项、国家信息安全专项等多个国家及省市重大项目，获得多项省部级科技进步一等奖。同时，麒麟信安与主流上下游厂商建立了良好的战略合作关系，打造了自主创新信息系统生态环境。

麒麟信安总部坐落于湖南长沙，在北京、西安、南京、广州、重庆、沈阳、长春、哈尔滨、呼和浩特、乌鲁木齐等地设立了分支机构，为用户提供本地化支持服务。

麒麟信安作为国家规划布局内重点软件企业，在推进高质量发展和科技创新之路上一直秉持探索精神和工匠精神。2022 年 10 月于科创板上市之后，企业在社会效益、经济效益、企业文化、研发能力等诸多方面实现了跨越式发展。

2022 年，麒麟信安实现销售收入 4.00 亿元，资产总额达到 14.66 亿元，员工近 700 人，研发人员超过 400 人，研发投入占主营业务收入的比例为 16.36%，2018~2023 年银行信用等级均为 AAA 级。

（二）企业科技发展创新成果

2020~2023 年，作为国家级知识产权优势企业，麒麟信安累计申请发明专利 118 项，获得软件著作权 138 项、发明专利授权 41 项，累计参与制定国家、行业、团体标准 5 项（已发布）。作为核高基国家科技重大专项课题承研单位，在科技创新方面，麒麟信安累计参与省级以上项目 17 项，其中含国家级重大专项任务 5 项。在产学研合作方面，麒麟信安与国防科技大学、湖南大学、长沙理工大学、湖南师范大学等高等院校建立了长期的产学研合作交流机制，以高校为依托，吸收国内优异的技术资源和人才，2020~2023 年联合高校申报 4 个省市级以上科技项目。在企业文化和社会影响力方面，麒麟信安国产操作系统团队获评湖南省企业科技创新创业团队，企业屡次在省、市、行业协会内获评"名品、名人、名企"称号，

"麒麟信安"品牌作为湖南省"知名品牌"得到了社会的一致认可和好评。

2022年9月，麒麟信安联合湖南湘江新区管委会、华为公司共建湖南欧拉生态创新中心，以此推进根社区国产操作系统生态"最后一公里"，致力于推动我国基础软件统一生态创新发展。在近期开展的世界计算大会现场，麒麟信安深度参与其中，与华为共同打造"鹏腾生态"。麒麟信安作为知名国产操作系统厂商，将通过全方位的软件兼容适配与测试推动繁荣、开放的自主计算生态发展，并汇聚openEuler及各欧拉系OSV的力量，共建国产操作系统"统一新生态"。2023年10月，麒麟信安与开放原子开源基金会签署了《资金捐赠协议》，成为白金捐赠人。

麒麟信安持续为国防、航天、电力、金融等重要行业数百家单位提供产品与解决方案，保障神舟十六、十七号载人飞船发射；参与国家电网首批数字换流站建设，在各新能源发电领域取得新突破；荣获10余项省市、行业权威奖项。

（三）企业未来的发展规划及重点方向

麒麟信安基于欧拉操作系统生态体系，以安全可靠的操作系统为核心提供稳定产品和优良服务，已为电力、金融、教育等重要领域提供软件支撑。

第一，推进基于欧拉社区的统一生态建设。在湘江新区管委会的大力支持下，麒麟信安携手华为公司共建的湖南欧拉生态创新中心将致力于构建湖南欧拉生态圈，支持湖南省打造成为中部地区欧拉生态创新发展的集聚高地，并助力湖南数字基础底座国产化进程，支撑关键行业信创应用示范。

第二，加快推进工控操作系统创新发展。在积极推动麒麟信安操作系统进入工业领域应用的同时，积极推进工业领域嵌入式操作系统和无人智能（机器人）操作系统相应的技术创新和产品研发，为工业领域转型升级提供自主操作系统方面的坚实支撑。

第三，持续迭代云计算产品。围绕信创发展需求和用户价值，以云桌面为架构，打造云办公模式重要行业解决方案，实现用户端自主化和轻量化，助力推进信创产业自主创新和云化转型。

第四，继续加大在技术创新、产品研发和人才引进方面的投入力度，在市场需求引领下，不断迭代操作系统、云计算和信息安全产品。同时，通过筹建先进技术研究院，汇聚专家外脑及强化高校合作。2023 年，麒麟信安已采用内部培养与外部引进相结合的人才供给机制，重点在研发、营销、运营等重要部门及关键岗位加大力度引进高级人才和关键人才，特别是加大力度引进操作系统技术专家及研发高端人才，增强现有操作系统团队力量。进一步丰富激励机制，优化人才结构，强化重点人才战略布局，并通过技能提高、效率提升等措施引导现有人员挖潜增效。

（四）国内外竞争形势及"卡脖子"难题等因素分析

目前，国际操作系统软件巨头在市场份额和品牌影响力方面占据主导地位，对国产操作系统软件企业形成了较大的竞争压力，国产操作系统软件企业在技术研发方面相对欠缺，与国际先进水平相比存在一定差距。麒麟信安作为老牌的国产操作系统厂商，亟须深耕基础软件领域，带领国产操作系统同类型软件企业在技术、产品、服务等方面不断提升，只有这样，才能在激烈的市场竞争中脱颖而出。

国产操作系统软件企业在生态建设方面相对薄弱。生态建设包括软件应用、硬件设备、开发者社区等方面的建设，需要企业与各方合作，形成良好的生态环境。目前，国产操作系统软件企业在软件应用和开发者社区方面还有较大的提升空间。

同时，目前的重要领域用户对国产操作系统使用感及认可度方面相对存疑。用户对国产操作系统软件的信任度和使用意愿有限，在很大程度上依赖于国际品牌的操作系统软件。

我国信创应用从党政办公开始，到现在的金融、电力、电信、石油、交通、教育、医疗、航空航天等关键行业，信创 2.0 不仅开启了万亿级市场，更在深化过程中推进了包括"安全可靠操作系统"等相关标准的产品认证（又称"国测"），这将汇聚更多企业创新力量，用市场化机制推动信创产业蓬勃发展，也为麒麟信安操作系统开启了新的市场机会。同时，麒麟信安多年前布局研发的云桌面系统及轻量级云平台等产品，在信创 2.0 时代也会得到越来越多的应用推广。

（五）企业科技创新发展存在的问题、对策及建议

1. 存在的问题

（1）软硬件比例不均，研发体系比较薄弱，支撑体系不完善。我国软件行业与制造业的互动还有待加强，软硬件支撑发展的局面还没有完全形成。另外，从软件行业企业角度来看，目前我国软件企业还是以中小企业为主，这些企业加起来都不如微软一家公司的收入，因此，我国软件行业企业的规模有待提高，亟须培育一批中小企业成长为行业内中大型代表性企业。

（2）随着软件产业规模的扩大，软件人才缺乏现象日益严重，一方面缺少大量从事基础性开发的人员，另一方面也缺乏高层次的系统分析员和项目总设计师。软件产业的发展水平与一个国家的信息产业发展水平及在国际市场上的综合竞争力密切相关，我国的软件产业规模与工业化大生产还有相当的差距。软件工程的研究和应用，都需要一定的软件工程的理论基础和研究能力，这就需要大批有一定实践经验的软件工程人才。缺少高素质软件工程人才已经成为制约我国软件信息化的重要因素。同时，随着整个软件产业的不断发展，市场急需一批既懂 IT 专业技术又懂外国语言文化的"一专多能"的复合型人才。这些复合型人才既要具备丰富的行业知识，

也要有实践能力和自主开发能力。

2. 对策及建议

（1）进一步优化政策环境。政府带头优化营商环境，增强制造业、软硬件业、服务业等的发展后劲；合理配置资源，引导产业合理健康发展。

（2）建立政府联席会议和企业对话制度。建立由省政府相关部门牵头的联席会议制度，及时协调政府和企业的关系；建立软件产业现状和政策执行情况的定期评估机制，在宏观指导、监督管理、政策法规、市场环境等方面定期研究、调度，特别是加强对有关政策落实情况以及部门承诺事项的检查，保证各项计划、规划与政策得到落实。

（3）完善市场运行和管理机制，创造公平竞争的市场环境。严格进行质量控制，为推行 ISO9000 质量保证体系和 CMMI 认证等的中小型软件企业提供更加公平的市场竞争环境。

（4）选择一批有良好市场前景与带动作用的省内名牌软件产品给予重点扶持，使其提高自主创新能力。积极引导软件企业通过改组、联合、兼并收购以及科创板上市发行股票等多种方式形成一批龙头企业，同时在政策、资金、采购、上市等多方面给予支持，扶持这些骨干企业做大做强，以增强其在国内外市场的竞争力。

（5）加强政府采购，大力支持各类型国产化进程中具有自主知识产权和企业核心竞争力的软件企业的发展。制定政府采购软件产品和服务的目录及标准，鼓励企事业单位在信息化建设过程中与软件企业合作开发或积极采购国产正版的软件产品和系统硬件，形成一定的辐射和带头作用。

（6）聚焦培育本土龙头企业，带动产业集群发展。操作系统是信息系统安全的基石，培育国产操作系统本土龙头企业，需要政策支持，特别重要的是开放典型应用场景，构建基于国产操作系统生态创新中心的行业联合实验室，促进成熟的重大科技专项转化为知名湖南产品，然后从湖湘走向全国。基于 openEuler 国产操作系统根社区生态建设，积极引领产业链集群企业、用户单位参与共建国产操作系统新生态。湖南欧拉生态创新中心将推动国内最活跃的原生社区 openEuler 在湖南的发展，这将打造中部地区欧拉生态创新发展集聚高地，在我国著名开源项目的发展中贡献"湖南力量"。支持开源软件创新发展，助力长沙创建中国软件名城，推动我国开源软件快速健康发展。

公司四：中联重科

（一）公司简介

中联重科股份有限公司（以下简称"中联重科"）创立于 1992 年，主要从事工程机械、农业机械等高新技术装备的研发制造，截至 2022 年底，主导产品涵盖 18 个大类别中的 106 个产品系列的 660 个品种，是业内首家 A+H 股上市公司，注册资本 86.67 亿元，总资产 1315 亿元，居全球工程机械企业第 5 位。中联重科是从国家级研究院孵化而来的企业，是行业标准的制订者。公司拥有 6 大国家级科研创新平台，2 次荣获国家科技进步奖，3 次荣获国家专利金奖，累计申请专利 11880 件，其中发明专利 4591 件，有效发明专利数量位居机械设备行业第一，专利综合实力位居工程机械行业第一；先后主导、参与制修订 17 项国际标准、400 多项国家和行业标准，已站上全球技术的制高点。

中联重科的生产制造基地分布于全球各地，在国内形成了中联科技园、中联麓谷工业园、中联望城工业园、中联泉塘工业园、中联灌溪工业园、中联汉寿工业园、中联德山工业园、中联津市工业园、中联沅江工业园、中联渭南工业园、中联华阴（华山）工业园、中联上海（松江）工业园、中联芜湖工业园、中联开封工业园等十四大园区，在海外拥有意大利 CIFA 工业园、德国 M-tec 工业园、德国 Wilbert 工业园、印度工业园、巴西工业园、中白工业园，并将新建土耳其工厂、沙特阿拉伯工厂。

中联重科已覆盖全球 100 余个国家和地区，在"一带一路"沿线均有市场布局。产品远销中东、南美、非洲、东南亚、俄罗斯以及欧美、澳大利亚等高端市场。公司在东亚、东南亚、欧洲等全球近 20 个国家建有分公司与子公司，在意大利、德国、巴西、印度、白俄罗斯建有工业园，在土耳其、沙特阿拉伯拟新建工厂，并在全球设立 50 多个常驻机构。以阿联酋、巴西为中心，中联重科正逐步建立全球物流网络和零配件供应体系。

作为科研院所转制企业，中联重科不断推进改革，形成了科研支持产业、产业反哺科研的良性体制机制，成为国有科研院所改制的典范；作为建立了现代企业制度的上市公司，中联重科通过重组并购参与到传统国企的改革、改组、改造中，在老企业植入新机制、新技术，取得了社会和经济双重效益。在党的十八届三中全会后的新一轮改革中，中联重科的体制创新被国务院国资委树立为混合所有制的"样本"。中联重科开创了中国工程机械行业整合海外资源的先河：利用资本杠杆，在全球范围内整合优质资产，实现快速扩张，并构建全球化制造、销售、服务网络。中联重科先后并购英国保路捷公司、意大利 CIFA 公司、德国 M-tec 公司、荷兰 Raxtar 公司、德国 Wilbert 公司，均取得卓越成效。其中，2008 年并购世界第三大混凝土机械制造商——意大利 CIFA 公司，使中联重科成为中国工程机械国际化的先行者和领导者，这一并购整合项目也作为经典案例进入哈佛大学课堂。

中联重科的前身是原建设部长沙建设机械研究院，拥有 60 余年的技术积淀，是中国工程机械技术发源地。传承国家级科研院所的技术底蕴和行业使命，中联重科通过科技创新源源不断地推出有助于客户成功的产品、技术和整体解决方案。中联重科被科技部、工信部、财政部等国家部委认定为全国国家创新型企业、国家技术创新示范企业、国家工业产品生态设计试点企业、国家知识产权示范企业，获得我国混凝土机械行业第一个国家科技进步奖。2014 年，"超大型塔式起重机关键技术及应用"项目被评为"国家科技进步奖二等奖"，这是混凝土机械行业在该级别奖项中的第一个荣誉。工程机械技术引领地位稳固，成功研制出全球最大吨位全地面起重机、全球最长的 101 米碳纤维臂架混凝土泵车、全球最大水平臂上回转自升式塔式起重机、全球最高的登高平台消防车、亚洲首台 3200 吨级履带式起重机等一大批世界标志性产品。农业机械方面，研发出大型拖拉机、大型高效联合收割机等高端农机装备，引领国内农机装备向高端迈进，向"智慧农业、精准农业"方向发展。中联重科是国际标准化组织 ISO/TC96 起重机技术委员会秘书处承担单位，流动式起重机、塔式起重机分技术委员会的国内归口单位，代表中国参与国际标准的制修订；制修订国家/行业标准 300 余项，推动了行业的技术进步。

"至诚无息，博厚悠远"是中联重科的核心价值观。"诚"是中联重科的事业原点和价值坐标。在核心价值观的统领下，形成了"一元、二维、三公、四德、五心、六勤、七能、八品"的文化体系。在国际化进程中，中联重科对"至诚无息，博厚悠远"的文化内涵不断进行创新和丰富。在海外资源整合过程中，中联重科以"包容、规则、责任、共创、共享"的理念赢得了国际社会的认同和欢迎，2011 年意大利总统纳波利塔诺亲自为董事长詹纯新颁发"莱昂纳多国际奖"，刷新了中国企业"走出去"的国际形象。中联重科上市以来，在上海、深圳上市公司综合绩效排名中均居前列。中联重科凭借优异的公司治理，多次捧得"金圆桌"最佳董事会奖；曾获得全国文明单位、全国先进基层党组织、全国抗震救灾英雄集体、全国首批国家创新型企业、国家技术创新示范企业、国家火炬计划重点高新技术企业、国家知识产权示范企业等荣誉称号。中联重科连续登上全球工程机械制造商 50 强和《财富》中国 500 强企业排行榜。2021 年，在英国 KHL 集团发布的全球工程机械制造商 50 强排名中居第 5 位，在《财富》中国 500 强企业排行榜中居第 296 位。两次荣登波士顿咨询公司发布的"全球挑战者"百强企业。

（二）中联重科的核心研发平台

中联重科秉承"积能蓄势、自主创新、重点突破、全面赶超"科技发展战略，拥有建设机械关键技术国家重点实验室、国家级企业技术中心、国家混凝土机械工程技术研究中心、流动式起重机技术国家地方联合工程研究中心、现代农业装备国家地方联合工程研究中心五大核心研发平台，公司整体创新能力得到了国家高度认可。中联重科形成了集共性技术研究和主机产品、关键零部件开发于一体的二级创新平台（见图 10-1），技术创新体系完备，为企业技术发展提供了动力源泉。这一独特研发体系实现了科研与产业的深度融合，使科研开发与市场需求实现有效对接。

2023 年 9 月 20 日，世界品牌实验室（World Brand Lab）发布了2023 年亚洲品牌 500 强排行榜，中联重科在榜上再度进位，排名提升至亚洲品牌第 116 名，品牌发展活力和潜力进一步释放，彰显出领袖行业的品牌美誉度、影响力和公司高质量发展的成色。

1. 建设机械关键技术国家重点实验室

该实验室于 2008 年由科技部批准，以中联重科为依托单位建设，是工程机械行业唯一的企业国家重点实验室，拥有结构、传动、液压、电气四个实验室和混凝土机械等四个整机实验场，占地面积达 16 万平方米。实验室致力于工程机械领域关键及共性技术研究。在工程机械结构、液压传动、电气控制及其相关领域建立起了国内领先水平的实验条件及研究环境，具备结构静力试验、疲劳可靠性试验、振动噪声试验、焊接试验、材料测试、传动机构试验、液压综合试验、电磁兼容试验等测试能力。

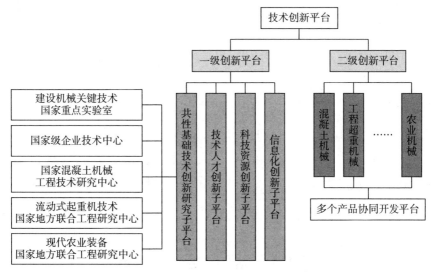

图 10-1　中联重科技术创新体系

高强钢应用技术研究。该项目主要研究超高强钢臂架设计制造的基础核心技术，是国家"973"计划项目，获湖南省科技进步一等奖。项目组在超高强钢臂架结构稳定性设计、抗疲劳设计、精密冷弯成形、焊接变形控制等关键技术方面实现了重大突破，利用相关技术开发的产品多次被鉴定为国际领先或先进水平。成果已应用于中联重科3大系列28款产品，获得直接经济效益超过2亿元。应用该项目技术的产品包括全球最大2000吨全地面起重机、全球最大D5200塔式起重机、全球最高113米高空作业平台、亚洲第一台3000吨级履带式起重机——3200吨履带式起重机。

电磁兼容EMC试验研究。该项目研究工程机械电气系统电磁兼容关键技术，是国家"973"计划项目课题。项目组通过大量的实验建立了电磁特性仿真与预测多目标研究模型，对电控系统存在的电磁兼容问题进行了深入的分析及细致的研究。在行业内首次制定建设机械电磁兼容国家标准：GB/T 28554—2012《工业机械电气设备内带供电单元的建设机械电磁兼容要求》、GB 5226.6—2014《机械电气安全　机械电气设备　第6部分：建设机械技术条件》，研究成果填补了我国工程机械领域电磁兼容技术空白。

2. 国家级企业技术中心

中联重科技术中心是国家发展改革委、科技部、财政部、国家税务总局、海关总署于 2005 年 11 月认定的国家级企业技术中心，致力于工程机械新产品的研究与开发、新工艺新技术的研究及推广应用、行业标准制订、科技信息的收集和研究等工作。

技术中心作为中联重科的研发支撑体系，年均完成科研成果超过 300 项，承担国家"863"计划、国家"十一五"科技支撑计划项目等国家级及省部级科技计划 19 项。自主研发的超大吨位履带起重机 ZCC3200NP，最大起重量达到 3200 吨，最大起重力矩达到 82000 吨米，为世界上起重能力最强的移动式起重机之一；掌握大吨位全地面起重机研制的核心技术；完成了中联系列精品泵车轻量化设计及泵车国产自制底盘研制；推出目前全球最大的 52000 吨米上回转塔机，成功试制国家科技支撑计划项目 ZD500 地下连续墙设备、ZR200A 多功能旋挖钻机、ZE60 和 ZE80 小型挖掘机等新产品；开发出纯电动扫路车、天然气动力清洗车、排放达到国 IV 标准的扫路车和垃圾车等环保产品。大量成果达到国际领先水平，社会效益和经济效益显著。

3. 国家混凝土机械工程技术研究中心

该中心是经科技部批准，依托中联重科组建的国家级科研平台，是我国混凝土机械及其相关领域集产品及技术研发、成果工程化、人才培养等于一体的工程技术创新基地。中心拥有国内一流的混凝土机械工程技术研发和管理平台，从事研发、测试和理化计量的专业人才有 400 余人，在结构设计、电液控制、新材料应用、振动研究、能效能耗等细分领域处于行业领先水平。中心拥有固定资产 8000 多万元，仪器设备 300 多台（套），具备工程技术综合配套试验条件和开放服务能力。

组建以来，中心承担了"863"计划、"973"计划等国家及省部级政府项目 11 项；获省部级及以上科学技术奖 10 项，其中省部级科学技术一等奖 2 项、二等奖 4 项；获省级以上专利奖 4 项；制修订国家及行业标准 8 项；获授权专利 832 项，其中发明专利 130 项，多项产品国际领先。

技术成果包括碳纤维复合材料臂架系列泵车及其关键技术、高强高性能混凝土超高层泵送成套设备、连续级配混凝土自动生产线及关键技术、矿山和隧道混凝土喷射成套设备、集成式高适应性干混砂浆成套设备等。

4. 流动式起重机技术国家地方联合工程研究中心

该中心由中联重科牵头，联合湖南大学组建，于 2011 年被批复为湖南省级工程研究中心，2013 年被批准为国家级国家地方联合工程研究中心。

国家地方联合创新平台以湖南省流动式起重机工程研究中心为基础，进一步提升关键技术研发能力，拓展工程化验证测试能力，加强行业技术服务能力，是一个集技术攻关与创新、中试验证和测试、产品性能检测与评价、技术转移与推广于一体的流动式起重机技术国家地方联合工程研究中心。

中心拥有国内一流的流动式起重机技术研发和管理平台，在结构设计、智能控制、新材料应用、高强钢焊接等细分领域处于行业领先水平，具备较强的技术研究条件、工程化试验条件和开放的服务能力。重点研究项目包括流动式起重机轻量化设计技术研究、复合联动安全控制技术研究、全地面起重机油气悬架及多桥转向技术研究、大型工程起重机械节能技术研究。

5. 现代农业装备国家地方联合工程研究中心

2015 年 3 月 25 日，国家发展改革委批准中联重科成立现代农业装备国家地方联合工程研究中心，该中心于 2015 年底建成。中心主要任务是围绕现代农业装备产业搭建现代农业装备技术创新和开发研究、成果孵化、产业化技术集成平台，形成从技术创制、研究、成果形成、专利申请、标准制定、核心产品开发、检测平台服务到产业化应用的中心，引领、支撑区域内乃至全国农业装备业技术进步和产业快速发展；集聚现代农业装备优势科技资源，打造区域内及全国农业装备技术创新高地，使区域内农业装备技术研发跃升至全国领先地位。通过开放式技术研究、工程研发、集成创新、技术及管理人才培训，为国家农业装备业发展培养和输出高端人才。

建成后的现代农业装备国家地方联合工程研究中心预计将形成每年 20 款（项）新产品、新技术的研发能力，满足耕整机械、种植机械、收获机械、农机具、零部件的试验及检测需求，实现每年 500 台（项）新产品及新技术的产业化转化和每年 4000 人次农机手的培训。

此外，"栽下梧桐树，引得凤凰来"，依托顶尖、多元的研发创新平台，在人才引进和培育方面，中联重科同样阔步先行。中联重科现有 23 位国家级专家、6000 多名研发技术人员，公司上下人才济济，共同助力实现科技与产业的深度融合。以被誉为中联重科"最强大脑"的中央研究院为例，其致力于工程机械领域前沿、共性、关键技术研究，为公司提供技术支撑。得益于数量和质量双高的人才队伍，近年来中联重科创新成果加速涌现：超高强钢结构成套技术，引领行业创新发展；纤维复材结构设计制造，行业首创国际领先；无人作业机群协同，打造智慧施工新生态；柔性黑灯工厂，智能制造谱新篇……中联重科正朝着工程机械"智造新时代"大步迈进。

参考文献

安青松，2018. 提高上市公司发展质量 促进完善现代化经济体系 [N]. 中国证券报，02-07（A04）.

安同良，闻锐，2022. 中国企业数字化转型对创新的影响机制及实证 [J]. 现代经济探讨（05）：1-14.

巴曙松，吴丽利，熊培瀚，2022. 政府补助、研发投入与企业创新绩效 [J]. 统计与决策38（05）：166-169.

曹正勇，2018. 数字经济背景下促进我国工业高质量发展的新制造模式研究 [J]. 理论探讨（02）：99-105.

陈剑，刘运辉，2021. 数智化使能运营管理变革：从供应链到供应链生态系统 [J]. 管理世界（11）：227-240.

陈堂，陈光，陈鹏羽，2022. 中国数字化转型：发展历程、运行机制与展望 [J]. 中国科技论坛（01）：139-149.

池毛毛，王俊晶，王伟军，2022. 数字化转型背景下企业创新绩效的影响机制研究——基于NCA与SEM的混合方法 [J]. 科学学研究（02）：319-331.

邓茗文，2020. 宋志平：提高上市公司质量服务可持续发展战略 [J]. 可持续发展经济导刊（12）：38-40.

丁多，2010. 湖南中烟工业有限责任公司技术创新能力评价研究 [D]. 湖南：中南大学.

丁玲，2021. 10119.98亿元！2020年沪深两市研发费用近三年来首破万亿元 [N/OL].（05-02）[07-01]. https://baijiahao.baidu.com/

s？id＝1699101631361528797&wfr＝spider&for＝pc.

杜惟康，2021. 科创板上市公司创新能力评价指标构建与实证研究
　　［J］. 现代商业（01）：134-140.

杜勇，张欢，陈建英，2017. 金融化对实体企业未来主业发展的影
　　响：促进还是抑制［J］. 中国工业经济（12）：113-131.

冯戈坚，王建琼，2019. 企业创新活动的社会网络同群效应［J］. 管
　　理学报（12）：1809-1819.

冯根福，温军，2008. 中国上市公司治理与企业技术创新关系的实证
　　分析［J］. 中国工业经济（7）：91-101.

高伟，2021. 上市公司应抓好五方面实现高质量发展［N］. 经济参
　　考报，09-08（003）.

国家统计局，2024. 中华人民共和国 2023 年国民经济和社会发展统
　　计公报［R/OL］.（02-29）［07-01］. https：//www. gov. cn/lian-
　　bo/bumen/202402/content_6934935. htm.

何凌云，陶东杰，2018. 营商环境会影响企业研发投入吗？——基于
　　世界银行调查数据的实证分析［J］. 江西财经大学学报（3）：
　　50-57.

洪俊杰，蒋慕超，张宸妍，2022. 数字化转型、创新与企业出口质量
　　提升［J］. 国际贸易问题（03）：1-15.

黄节根，吉祥熙，李元旭，2021. 数字化水平对企业创新绩效的影响
　　研究——来自沪深 A 股上市公司的经验证据［J］. 江西社会科
　　学（5）：61-72.

黄世政，周家贤，曾海亮，2022. 政府补贴对企业创新能力和创新绩
　　效的影响——基于创新治理能力的视角［J］. 华东经济管理 36
　　（05）：57-65.

靳卫东，刘敬富，2019. 市场结构、行政壁垒与技术创新——来自中
　　国高技术产业的经验证据［J］. 科技管理研究 39（10）:91-100.

经济合作与发展组织，欧盟统计署编著，2011. 奥斯陆手册［M］.

北京：科学技术文献出版社：15-18.

荆龙姣，王婷卓，2016. 国有上市公司创新能力评价及提升路径研究
[J]. 湖南财政经济学院学报 32（06）：98-104.

李高雅，邢菁，2021. 上市公司创新能力影响因素研究 [J]. 商业会
计（19）：92-94.

李珊珊，徐向艺，2019. "互联网+"是否有效促进了小微企业创
新？[J]. 山东社会科学（02）：149-156.

李世刚，蒋煦涵，蒋尧明，2022. 连锁股东与企业创新投入 [J]. 南
开管理评论（05）：1-25.

李西，王世文，2015. 苏州市"新三板"上市公司培育对策 [J].
财会月刊（5）：122-125.

李亚男，2023. 公司创新能力发展指数构建——基于新疆上市公司的
实证研究 [C]. 第十八届（2023）中国管理学年会暨"一带一
路"十周年研讨会论文集 . 2023：16.

刘柏，王馨竹，2021. 企业创新成果与创新质量的驱动因素研究——
基于同群和竞争的视角 [J]. 宏观质量研究（02）：43-58.

刘善仕，孙博，葛淳棉，王琪，2017. 人力资本社会网络与企业创
新——基于在线简历数据的实证研究 [J]. 管理世界（7）：88-
98+119+188.

刘姝雯，刘建秋，阳旸，2023. 企业金融化与生产效率："催化剂"
还是"绊脚石"[J]. 南开管理评论 26（01）：55-68.

刘夏，王欣，陈舒，胡璐璐，2022. 吉林省高新技术企业创新发展指
数评价研究 [J]. 河南科技 41（09）：131-135.

刘政，姚雨秀，张国胜，匡慧姝，2020. 企业数字化、专用知识与组
织授权 [J]. 中国工业经济（09）：156-174.

楼润平，张昊，麦诗诗，2022. 制造业企业数字化投资与创新绩效：
人力资本的中介作用 [J]. 海南大学学报（人文社会科学版）
40（06）：100-112.

鲁桐，党印，2014. 公司治理与技术创新：分行业比较 ［J］. 经济研究 49（06）：115-128.

陆蓉，王策，邓鸣茂，2017. 我国上市公司资本结构 "同群效应" 研究 ［J］. 经济管理（01）：181-194.

罗进辉，巫奕龙，2021. 数字化运营水平与真实盈余管理 ［J］. 管理科学 34（04）：3-18.

罗逸姝，2021. 研发投入逆势增超 12% 上市公司力绘创新蓝图 ［N/OL］.（05-06）［07-01］. https：//m. gmw. cn/baijia/2021-05/06/1302274236. html.

马君，郭明杰，2022. 企业数字化转型、员工数字认知与创新绩效：技术为刀，我为鱼肉？［J］. 科技进步与对策（22）：1-12.

宁心，2023. 以高水平科技自立自强助推高质量发展 ［N］. 湖南日报，09-21（001）.

欧阳日辉，2021. 把握数字经济健康发展两个重要方向 ［J］. 中国党政干部论坛（11）：68-72.

潘红波，高金辉，2022. 数字化转型与企业创新——基于中国上市公司年报的经验证据 ［J］. 中南大学学报（社会科学版）28（05）：107-121.

彭镇，戴亦一，2015. 企业慈善捐赠与融资约束 ［J］. 当代财经（04）：76-84.

彭镇，连玉君，戴亦一，2020. 企业创新激励：来自同群效应的解释 ［J］. 科研管理（04）：45-53.

戚聿东，蔡呈伟，2020. 数字化对制造业企业绩效的多重影响及其机理研究 ［J］. 学习与探索（07）：108-119.

秦荣生，2020. 数字化时代的财务创新发展 ［J］. 财务与会计（01）：7-9.

邵鹏，李梦蕾，2022. 企业环境信息披露的网络同群效应触发机制及其检验 ［J］. 环境经济研究（04）：85-102.

邵鹏，李梦蕾，马冰，2022. 网络同群效应下的企业创新投入策略：量力而行还是尽力而为 [J]. 中国科技论坛（12）：140-149.

沈国兵，袁征宇，2020. 互联网化、创新保护与中国企业出口产品质量提升 [J]. 世界经济（11）：127-154.

沈周明，宁自军，刘利，陈洪波，2021. 长三角生态绿色一体化发展示范区高质量发展评价报告 [J]. 统计科学与实践（05）：4-8.

宋志平，2020. 推动上市公司高质量发展 [J]. 国资报告（12）：28-31.

宋志平，2023. 提升国有控股上市公司质量 为活跃资本市场作贡献 [J]. 国资报告（09）：44-44.

苏方玉，李天骄，2015. 关于河南省企业上市培育的若干思考 [J]. 时代金融（20）：57+61.

孙锦萍，李亚飞，侯麟科，2022. 上市公司创新决策的区域同群效应研究 [J]. 经济与管理研究（07）：115-131.

孙雪琦，2022. 政府补助对汽车制造业上市公司创新绩效的影响 [J]. 现代商业（09）：53-55.

孙早，徐远华，2018. 信息基础设施建设能提高中国高技术产业的创新效率吗？——基于 2002—2013 年高技术 17 个细分行业面板数据的经验分析 [J]. 南开经济研究（02）：72-92.

索玮岚，郭琨，孙晓蕾，姬强，2022. 基于智库双螺旋法的秦创原科技创新发展指数研究 [J]. 中国科学院院刊 37（06）：736-744.

谭悦，侯丽珠，孟媛，2022. 京津冀协同创新指数研究 [J]. 天津经济（10）：15-21.

谭众，2018. 博弈论视角下政府与上市公司的会计政策选择 [J]. 企业改革与管理（12）：129+132.

田雅婧，2019. 广东省 A 股上市公司创新发展现状及对策研究 [J].

新经济（04）：23-30.

万良勇，梁婵娟，饶静，2016. 上市公司并购决策的行业同群效应研究 [J]. 南开管理评论（03）：40-50.

王班超，张小燕，2017. 连云港市非公企业家成长环境及优化：基于对非公企业家的调查研究 [J]. 连云港师范高等专科学校学报（4）：83-88.

王锋正，赵宇霞，夏嘉欣，2022. 异质环境政策、高管风险偏好与绿色技术创新——基于中国重污染上市公司的实证研究 [J]. 科研管理（11）：11-23.

王红建，曹瑜强，杨庆，杨筝，2017. 实体企业金融化促进还是抑制了企业创新——基于中国制造业上市公司的经验研究 [J]. 南开管理评论 20（01）：155-166.

王俊，2017. 地方政府竞争、环境政策与上市公司环保投资研究 [D]. 北京：北方工业大学.

王侃，2014. 模仿、资源异质性与新创企业投资决策 [J]. 南方济（11）：67-77.

王铭俊，2023. 湖南企业创新能力指数居全国第 8 [N]. 湖南日报，09-19（02）.

王文娜，刘戒骄，张祝恺，2020. 研发互联网化、融资约束与制造业企业技术创新 [J]. 经济管理（09）：127-143.

王羲，张强，侯稼晓，2022. 研发投入、政府补助对企业创新绩效的影响研究 [J]. 统计与信息论坛 37（02）：108-11.

王晓红，栾翔宇，张少鹏，2023. 企业研发投入、ESG 表现与市场价值——企业数字化水平的调节效应 [J]. 科学学研究 41（05）：896-904+915.

王一萌，任芳容，田泽，2023. 数字化转型对中国上市公司创新能力的影响研究 [J]. 中国林业经济（02）：1-7.

王永表，武鑫，2017. 上市公司引领区域经济发展：上虞区试点工作

经验 [J]. 清华金融评论 (5)：28-29.

温志超，2022a. 上市公司创新能力评价 [J]. 中国金融 (19)：60-61.

温志超，2022b. 中国产业创新能力评价研究及政策建议——基于我国 A 股上市公司数据 [J]. 中国物价 (12)：46-49.

文春晖，任国良，2015. 虚拟经济与实体经济分离发展研究——来自中国上市公司 2006-2013 年的证据 [J]. 中国工业经济，(12)：115-129.

吴芳，2023. 同群企业对家族企业创新投入的影响：降风险还是增收益 [J]. 当代财经 (02)：94-105.

吴非，胡慧芷，林慧妍，任晓怡，2021. 企业数字化转型与资本市场表现——来自股票流动性的经验证据 [J]. 管理世界 (07)：130-141.

习近平，2020. 习近平谈治国理政（第 3 卷）[M]. 北京：外文出版社：24.

习近平，2022. 高举中国特色社会主义伟大旗帜　为全面建设社会主义现代化国家而团结奋斗——在中国共产党第二十次全国代表大会上的报告》[M]. 北京：人民出版社：33+35.

习近平，2023a. 习近平著作选读（第 1 卷）[M]. 北京：人民出版社：24.

习近平，2023b. 习近平著作选读（第 2 卷）[M]. 北京：人民出版社：322.

肖淑芳，石琦，张一鸣，2020. 上市公司创新能力指数的构建 [J]. 北京理工大学学报（社会科学版）22 (01)：57-69.

谢富胜，匡晓璐，2020. 制造业企业扩大金融活动能够提升利润率吗？——以中国 A 股上市制造业企业为例 [J]. 管理世界 36 (12)：13-28.

谢家智，王文涛，江源，2014. 制造业金融化、政府控制与技术创新 [J]. 经济学动态 (11)：78-88.

谢婼青，朱平芳，2020. 中国工业上市公司创新能力评价研究 [J].
　　社会科学（02）：40-51.

许罡，2014. 中国上市公司政府补助的政策效应研究 [D]. 安徽：
　　合肥工业大学.

严若森，陈静，李浩，2020. 基于融资约束与企业风险承担中介效应
　　的政府补贴对企业创新投入的影响研究 [J]. 管理学报（08）：
　　1188-1198.

姚均芳，2024. 中国上市公司协会：2023 年末制造业上市公司数量为
　　3608 家 [EB/OL].（02-12）[07-01]. https：//finance. cnr. cn/
　　2014jingji/20240212/t20240212_526592982. shtml.

易继承，2022. 创新型国家发展水平评价及效率测度研究 [D]. 湖
　　北：中南财经政法大学.

尹夏楠，詹细明，2023. 实体企业金融化对数字化转型的影响及作用
　　机理 [J]. 中国流通经济 37（10）：26-38.

尹晓宇，2024. 打通创新驱动发展堵点（调查研究 凝聚共识）——
　　九三学社中央调研组对江苏湖南开展重点考察调研 [N]. 人民
　　日报，05-27（11）.

于冠鑫，崔丙群，2023. 中国种业上市公司创新能力评价研究 [J].
　　中国种业（03）：22-27.

虞义华，赵奇锋，鞠晓生，2018. 发明家高管与企业创新 [J]. 中国
　　工业经济（3）：136-154.

张成思，张步昙，2016. 中国实业投资率下降之谜：经济金融化视角
　　[J]. 经济研究 51（12）：32-46.

张龙鹏，蒋为，周立群，2016. 行政审批对创业的影响研究——基于
　　企业家才能的视角 [J]. 中国工业经济（4）：57-74.

张炜，2020. 提高上市公司质量是股市健康发展的关键 [N]. 中国
　　经济时报，09-25（002）.

张欣，董竹，2023. 数字化转型与企业技术创新——机制识别、保障

条件分析与异质性检验新 ［J］. 经济评论 （01）：3-18.

张延林，王丽，谢康，张德鹏，2020. 信息技术和实体经济深度融合：中国情境的拼创机制 ［J］. 中国工业经济 （11）：89-100.

张治河，王艳伟，阎亮，徐晓庆，2016. 上市公司创新能力评价研究——来自陕西省 41 家上市公司的数据 ［J］. 科研管理 37 （03）：81-92.

赵学毅，2021. 中国上市公司蓄力高质量发展正当时 ［N］. 证券日报，08-07 （A02）.

赵颖，2016. 中国上市公司高管薪酬的同群效应分析 ［J］. 中国工业经济 （02）：114-129.

赵展慧，2024. 5000 多家上市公司公布 2023 年年度报告 从上市公司年报看向 "新" 而行提质效 ［EB/OL］. （05-20）［07-01］. https：//baijiahao. baidu. com/s？id=1799545020104315996&wfr=spider&for=pc.

钟腾，汪昌云，2017. 金融发展与企业创新产出——基于不同融资模式对比视角 ［J］. 金融研究 （12）：127-142.

周青，王燕灵，杨伟，2020. 数字化水平对创新绩效影响的实证研究——基于浙江省 73 个县 （区、市） 的面板数据 ［J］. 科研管理 （07）：121-129.

周绍东，2008. 中国工业企业技术创新与行政性进入退出壁垒 ［J］. 中国经济问题 （2）：56-60.

周亚虹，贺小丹，沈瑶，2012. 中国工业企业自主创新的影响因素和产出绩效研究 ［J］. 经济研究 47 （5）：107-119.

朱君，2014. 上市公司对区域经济发展的影响研究——基于东北地区的分析 ［D］. 长春：东北师范大学.

朱文彬，2021. 构建提高上市公司质量合力服务广东经济高质量发展 ［N］. 上海证券报，02-24 （004）.

ALDER S, LIN S, and ZILIBOTTI F, 2013. Economic reform and industrial policy in a panel of chinese cities [J]. Journal of economic growth, 21 (4): 1-45.

AN H, CHEN C R, WU Q, Zhang T, 2021. Corporate innovation: do diverse boards help? [J]. Journal offinancial and quantitative analysis, 56 (1): 155-182.

BALSMEIER B, FLEMING L, MANSO G, 2017. Independent boards and innovation [J]. Journal offinancial economics, 123 (3): 536-557.

BODNAR G M, HAYT G S, MARSTON R C, 1995. Wharton survey of derivatives usage by US non-financial firms [J]. Financial management, 24 (2): 104-114.

BRENNEN S J, KREISS D, 2016. Digitalization [M].//JENSEN K B, CRAIG R T, POOLEY J D, ROTHENBUHLER E W (Eds.), The International encyclopedia of communication theory and philosophy, John Wiley & Sons , Inc. : 1-11.

CHEN S L , MA H, 2017. Peer Effects in decision-making: evidence from corporate investment [J]. China journal of accounting research, 10 (2): 167-188.

CUSTODIO C, FERREIRA M A, RAPOSO C, 2005. Cash holdings and business conditions [R]. SSRN working paper.

DEMIR F, 2009. Financial liberalization, private investment and portfolio choice: Financialization of real sectors in emerging markets [J]. Journal of development economics, 88 (2): 314-324.

ELLISON G, FUDENBERG D, 1995. Word-of-mouth ccommunication and social learning [J]. Quarterly journal of economics, 110 (1): 93-125.

FANG V W, TIAN X, Tice S, 2014. Does stock liquidity enhance or impede firm innovation? [J]. Journal of finance, 69 (5): 2085-2125.

FRACASSI C, 2017. Corporate finance policies and social networks [J].

Management science, 63 (8): 2420-2438.

KAUSTIA M, RANTALA V, 2015, Social learning and corporate peer effects [J]. Journal of financial economics, 117 (3): 653-669.

KHANNA T, PALEPU K, 2016. Is group affiliation profitable in emerging markets? an analysis of diversified Indian business groups [J]. The journal of finance, 55 (2): 867-891.

KRIPPNER G R, 2005. The financialization of the American economy [J]. Socio-economic review, 3 (2): 173-208.

LAURSEN K, SALTER A, 2006. Open for innovation: the role of openness in explaining innovation performance among uk manufacturing firms [J]. Strategic management journal, 27 (2): 131-150.

LEARY M T, ROBERTS M R, 2014. Do peer firms affect corporate financial policy? [J]. The journal of finance, 69 (1): 139-178.

LEE L, LIU X, LIN X, 2010. Specification and estimation of social interaction models with network structures [J]. The econometrics journal, 13 (2): 145-176.

OPLER T, PINKOWITZ L, STULZ R, WILLIAMSON R, 1999. The determinants and implications of corporate cash holdings [J]. Journal of financial economics, 52 (1): 3-46.

ORHANGAZI O, 2006. Financialization of the United States economy and its effects on capital accumulation: a theoretical and empirical investigation [M]. University of Massachusetts Amherst.

ORHANGAZI O, 2008. Financialisation and capital accumulation in the non-financial corporate sector: a theoretical and empirical investigation on the US economy: 1973-2003 [J]. Cambridge journal of economics, 32 (6): 863-886.

SCHUMPETER J A, 1954. Economic doctrine and method: an historical sketch [M]. New York: Oxford University Press.

SOMMARBERG M, MÄKINEN S J, 2019, A method for anticipating the disruptive nature of digitalization in the machine-building industry [J]. Technological forecasting and social change, (146): 808-819.

STOCKHAMMER E, 2004. Financialisation and the slowdown of accumulation [J]. Cambridge journal of economics, 28 (5): 719-741.

STOCKHAMMER E, 2010. Financialization and the global economy [R]. Political economy research institute working paper, 242 (40): 1-17.

SZALAVETZ, A, 2022. The digitalisation of manufacturing and blurring industry boundaries [J]. CIRP journal of manufacturing science and technology, 37: 332-343.

THEURILLAT T, CORPATAUX J, & Crevoisier O, 2010. Property sector financialization: the case of Swiss pension funds (1992-2005) [J]. European planning studies, (2): 189-212.

ZENG S X, XIE X M, TAM C M, 2010. Relationship between cooperation networks and innovation performance of SMEs [J]. Technovation, 30 (3): 181-194.

图书在版编目（CIP）数据

湖南省上市公司创新发展研究报告／唐志军等著.
北京：社会科学文献出版社，2024.11.--ISBN 978-7
-5228-4207-3

Ⅰ.F279.246

中国国家版本馆 CIP 数据核字第 2024W6K480 号

湖南省上市公司创新发展研究报告

著　　者／唐志军　赵　伟　李仁宇　李华金　成名婵　郭　晓

出 版 人／冀祥德
组稿编辑／恽　薇
责任编辑／孔庆梅
文稿编辑／周浩杰　程丽霞　陈丽丽
责任印制／王京美

出　　版／社会科学文献出版社·经济与管理分社（010）59367226
　　　　　地址：北京市北三环中路甲 29 号院华龙大厦　邮编：100029
　　　　　网址：www.ssap.com.cn
发　　行／社会科学文献出版社（010）59367028
印　　装／三河市龙林印务有限公司

规　　格／开　本：787mm×1092mm　1/16
　　　　　印　张：14.5　字　数：195 千字
版　　次／2024 年 11 月第 1 版　2024 年 11 月第 1 次印刷
书　　号／ISBN 978-7-5228-4207-3
定　　价／98.00 元

读者服务电话：4008918866